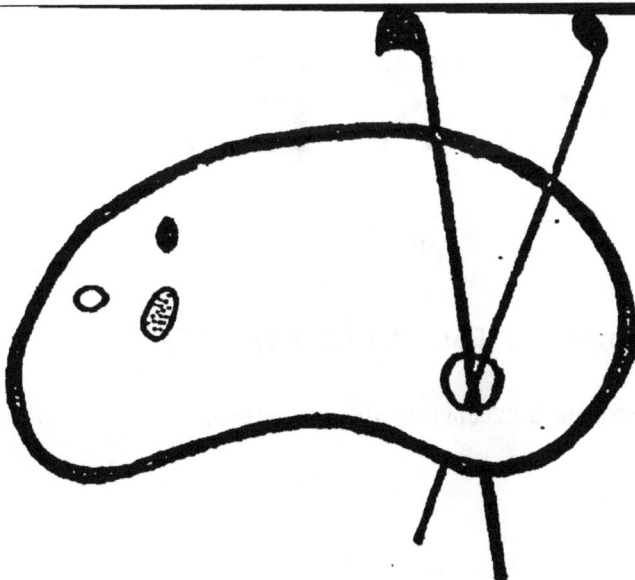

DEBUT D'UNE SERIE DE DOCUMENTS
EN COULEUR

ÉTUDE

SUR

LE KEF

PAR

Le lieutenant EM. ESPÉRANDIEU,

Professeur à l'Ecole militaire d'infanterie.

PARIS

A. BARBIER, LIBRAIRE-ÉDITEUR

30, RUE BONAPARTE

SAINT-MAIXENT, IMP. CH. REVERSÉ.

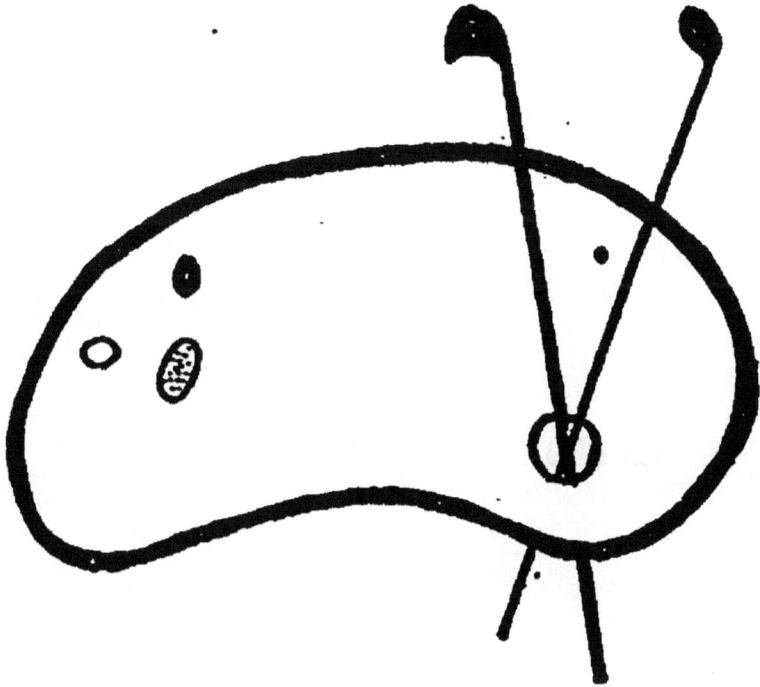

FIN D'UNE SERIE DE DOCUMENTS
EN COULEUR

ÉTUDE SUR LE KEF

SAINT-MAIXENT, IMP. CH. REVERSÉ.

ÉTUDE

SUR

LE KEF

PAR

Le lieutenant EM. ESPÉRANDIEU,

Professeur à l'Ecole militaire d'infanterie.

———

PARIS

A. BARBIER, LIBRAIRE-ÉDITEUR

30, RUE BONAPARTE

INTRODUCTION.

——

Le travail qui va suivre a été rédigé sous la tente pendant l'expédition de Tunisie, sans le secours d'autres ouvrages que le *Voyage en Tunisie*, de M. Victor Guérin, l'*Histoire des Romains*, de M. Duruy, et le tome VIII du *Corpus* latin mis obligeamment à ma disposition par M. Roy, aujourd'hui contrôleur civil au Kef, et alors représentant de la France dans cette ville.

M. Roy, que je remercie ici sincèrement, m'avait également remis toutes les copies d'inscriptions qu'il possédait, c'est-à-dire près de trois cents textes. Il se peut que je les aie vérifiés sur les monuments eux-mêmes, mais leur découverte ne m'appartient pas.

Depuis 1882, les inscriptions que j'avais réunies ont été publiées en grand nombre. Comme elles se trouvent pour la plupart dans les *Additamenta* qui ont été donnés par l'*Ephemeris epigraphica* (t. V et VII), je ne puis avoir la prétention d'intéresser les savants qui se tiennent au courant des divers travaux épigraphiques; mais si je ne m'adresse qu'à de très rares lecteurs, je ne regretterai rien pour cela de ce que j'ai fait.

On me reprochera peut-être de ne pas avoir refondu

complètement le manuscrit que j'avais rapporté d'Afrique. Depuis ma rentrée en France, il m'eût été facile assurément de le compléter autrement que par la simple addition de quelques notes; les ouvrages spéciaux ne m'auraient pas manqué; mais s'il eût gagné en l'intérêt, il eût aussi perdu de son caractère, et j'ai cru préférable de n'y rien changer.

Saint-Maixent, le 15 août 1888.

PREMIÈRE PARTIE

—

ESQUISSE HISTORIQUE
DE LA VILLE DU KEF

ESQUISSE HISTORIQUE

DE

LA VILLE DU KEF

ET DE LA PROVINCE DONT ELLE FAISAIT PARTIE

CHAPITRE Ier.

Des temps héroïques à la bataille de Zama.

Plus heureuse que Carthage dont il ne reste plus aujourd'hui que le souvenir et quelques ruines; plus heureuse aussi que Thysdrus, que Zama, que Leptis, et que tant d'autres villes si rapidement disparues, l'ancienne Sicca-Veneria a pu parvenir jusqu'à nous. Comme s'il fallait cependant qu'elle laissât dans la tourmente la meilleure partie d'elle-même, son ancien nom s'est perdu pour faire place au nom moderne du *Kef*, qui signifie le rocher, et est emprunté à l'onomastique des possesseurs actuels du pays. Différentes appellations furent usitées jadis pour désigner la ville. Le nom qui semble avoir prévalu est celui de *Sicca-Veneria*. Cependant parmi les anciens auteurs, quelques-uns, comme Salluste, ne l'ont appelée que Sicca; d'autres, comme Solin, s'en sont tenus au seul nom de Veneria, et nous comprenons d'autant mieux ces divergences que les anciens habitants eux-mêmes ne paraissent pas avoir été très précis. Pour en donner une preuve, en même temps que pour établir le véritable nom sous lequel la ville doit être connue, nous commencerons notre étude par la citation des quelques monuments épigraphiques donnant, sous forme d'ethnique,

1

l'ancien nom de Sicca. Leur connaissance s'impose du reste à quiconque veut étudier le passé de ce coin de la Numidie.

1. —   P · LICINIO · M · F · QVIR (R et I liés)
           PAPIRIANO · PROCVR
           AVG · IMP · CAES · M · AVRELI
           ANTONINI · AVG · GERMANICI
           SARMATICI · MAXIMI · P · P · ET
           divI · VERI · A · RATIONIBVS · CVI
           SPLENDIDISSIMVS · ORDO · SICCEN
           SIVM · OB · MERITA · EIVS ET CV
           . . . . . MET. . . . .
           M. . . . N . . . .
           . . . .
           . . . .
           . . . . MLEG. . . . .
           . . . . T . . . .

Ce texte se lisait autrefois près d'une maison appelée *Dar-ben-Achour*. C'est là qu'il a été copié en 1860 par M. Guérin, qui l'a publié dans son *Voyage archéologique* dans la régence de Tunis (p. 59).

M. Wilmanns le cite dans ses *Exempla inscriptionum* (2ᵉ vol. p. 265).

Sur le dé de pierre qui le porte se lit le texte suivant gravé sur une autre face :

2. — 1. MVNICIPIBVS MEIS CIRTHENSIBVS
        SICCENSIBVS CARISSIMIS MIII DARE
        VOLO IIS XIII VESTRAE FIDEI COMMITTO
        MVNICIPES CARISSIMI VT EX VSVRIS
   5. EIVS SVMMAE QVINGVNCIBVS QVOD AN
        NIS ALANTVR PVERI · CCC · ET PVELLAE · CC · PVERIS(*sic*)
        AB ANNIS TRIBVS AD ANNOS · XV · ET ACCIPIANT
        SINGVLI PVERI X IIS · MENSTRVOS PVELLAE
        AB ANNIS TRIBVS AD ANNOS · XIII · XII · LEGI
 10. AVTEM DEBEBVNT MVNICIPES · ITEM IN
        COLAE · DVMTAXAT INCOLAE QVI INTRA (T et R liés)
        CONTINENTIA · COLONIAE · NOSTRAE · AE
        DIFICIA MORABVNTVR · QVOS · SI VO
        BIS VIDEBITVR, OPTIMVM · ERIT · PER ·

15. IIVIROS · CVIVSQVE · ANNI · LEGI · CVRA
RE · AVTEM · OPORTET · VT IN LOCVM AD
VLTI VEL DE MORTVI CVIVSQVE STA
TIM SVBSTITVATVR · VT · SEMPER · PLE
NVS · NVMERVS · ALATVR

Ce texte, copié également par M. Guérin et publié par lui dans l'ouvrage dont nous venons de parler, se trouve actuellement placé devant la porte du Dar-el-Bey.

Exposés à toutes les intempéries des saisons les caractères qui le composent s'effacent chaque jour. C'est à peine si nous avons pu les lire, et si l'on n'y prend pas garde, il ne restera bientôt plus rien d'une inscription qui peut être considérée, sans contredit, comme l'une des plus curieuses de l'ancienne Sicca, où les textes épigraphiques sont cependant si nombreux. La pierre a une section carrée; sa longueur est de 1 m. 52, ses deux autres dimensions sont de 0 m. 50. Chaque inscription est entourée d'un cadre de 0 m. 66 de haut sur 0 m. 37 de large.

Le savant commentateur du *Corpus* d'Afrique pense que la première inscription n'est que la suite de la seconde, et nous lirions alors :

P(ublio) Licinio, M(arci) f(ilio), Quir(ina tribu), Papiriano, procurator(i) Aug(ustorum) imp(eratoris) Caes(aris) M(arci) Aureli(i) Antonini Aug(usti), Germanic[i] Sarmatici maximi, p(atris) p(atriae) et [di]vi Veri a rationibus, cui splendidissimus ordo Siccensium, ob merita eius et . . . .

. . . .
Municipibus meis Cirthensibus Siccensibus carissimis mihi, dare volo sestercium terdecies. Vestrae fidei committo, municipes carissimi, ut ex usuris ejus summae quincuncibus quodannis alantur, pueri ccc et puellae cc; pueri (1) ab annis tribus ad annos quindecim et accipiant singuli pueri denarios binos semissem menstruos, puellae ab annis tribus ad annos terdecim, denarios binos. Legi autem debebunt municipes item incolae, dumtaxat incolae qui intra continentia coloniae nostrae aedificia morabuntur. Quos, si vobis videbitur, optimum erit per duoviros cujusque anni legi, curare autem oportet, ut in locum adulti vel demortui cujusque statim substituatur, ut semper plenus numerus alatur.

(1) Le texte porte *pueris*; c'est évidemment là une erreur du lapicide.

3. — A Dar-ben-Achour; inscription lue autrefois par M. Guérin, perdue aujourd'hui dans les constructions d'une maison européenne près de la place Logerot (1) :

> Q ' CASSIO QF QVIR
> CALLIONI Q PR
> ID COLONI COLONI .
> AE IVLIAE CIRTAE NO
> VAE QVOD ANNO
> NAM FRVMENTI DE SVA
> PECVNIA LEVAVIT
> HANC STATVAM AEMILIA L ' F ' CEREALIS AB...
> . . . .

Q(uinto) Cassio, Q(uinti) f(ilio), Quir(ina tribu), Callioni coloni coloniæ Juliae Cirtae novae quod annonam frumenti ; de sua pecunia levavit hanc statuam, Aemilia L(ucii) f(ilia) Cer(e)alis, ab.....

Le *Corpus* donne CAPITONI à la deuxième ligne.

La copie de M. Guérin porte CERIALIS à la huitième ligne, mais il faut évidemment lire CEREALIS.

Le *Corpus* donne, en outre, la ligne suivante dont M. Guérin ne cite que quelques lettres :

> NEP(*tis*) D ' D ' HOC (*t*)RANSTVLIT

D'après l'opinion de M. Wilmanns, les deux dernières lignes seraient plus récentes que le reste de l'inscription.

4. — Près d'une ancienne basilique chrétienne, située au centre de la ville, à côté de la Kouba de Lella Hadj ; lettres de 0 m. 055 à la 1re ligne ; 0 m. 05 à la 2e ; 0 m. 04 aux suivantes (2).

> VICTORI
> CENTVRIONI
> LEGIONARIO
> EX EQVITE ROMANO
> OB MVNIFICENTIAM (r et i liés)
> ORDO SICCENSIVM (v et m liés)
> CIVI ET
> CONDECVRIONI (R et I liés)
> DD   PP

(1) Berbrügger, *Revue africaine*, t. I, p. 272. — Guérin, t. II, p. 57. — *Corpus*, n° 1648.

(2) *Corpus*, n° 1647.

Victori centurioni legionario ex equite romano; ob munificentiam ordo Siccensium, civi et condecurioni; d(ecreto) d(ecurionum), p(ecunia) p(ublica).

La pierre a 1 m. 40 de haut sur 0 m. 45 de large; l'inscription est entourée d'un cadre de 0 m. 55 de haut sur 0 m. 42 de large.

5. — Dans une maison arabe appelée Dar Gargouri; lettres de 0 m. 05 (1).

```
            DN IMP CAESARI
            FL VALENTINIANO PIO
            ſELICI VICTORI SEMPER
                 AVGVSTO
            M · IVLIVS ET CASSIVS
            DONATVS CVR · REIP ·
         ET ORDO SICCENSIVM DEVOTI (T et I liés)
         NVMINI MAIESTATIQ · EIVS
```

D(omino) n(ostro) imp(eratori) Caesari Fl(avio) Valentiniano pio, felici, victori, semper Augusto. M(arcus) Julius et Cassius Donatus, curatores reip(ublicæ) et ordo Siccensium, devoti numini, maiestatiq(ue) eius.

La pierre a 0 m. 95 de haut sur 0 m. 42 de large.

A la cinquième ligne, le *Corpus* écrit :

```
            ᵅEMILIVS IVL CASSIVS
```

en faisant remarquer que les lettres IVL sont incertaines.

6. — Lue par nous en 1882, sur la voûte d'une maison appartenant à Si Mohamed ben Zebli; lettres très effacées de 0 m. 06; les T ont 0 m. 07 (2).

```
. . . . EM INTEGRITATIS ADQVE AEQVITAT
SERVAM . . . O . . . SALVTARIS PRAESTAN
. . . . TI. PIATRONO . . . . . . I . . .
. . . AT . . . CI . . VCO . . L . . OB . . IS . .
VE . . . . . VO . NTIAM . . . . IVERSV . . .
. . . . F . . . M.C . . . . . TAMQVE PLEBEM
CIRTENSIVM SICCENSIVM ORDO . . . . . . .
. . . . . . . . . . . . . . . . . . . . .
```

(1) *Corpus*, n° 1636.
(2) *Corpus*, n° 1651.

La pierre a 0 m. 63 de haut sur 0 m. 78 de large. Elle a été déplacée en 1883 et transportée à quelque distance parmi des matériaux de construction. Très probablement elle doit être perdue aujourd'hui.

Notre copie est un peu plus complète que celle donnée par le *Corpus.*

7. — Dans une maison arabe, sur un bloc de pierre de 1 m. de haut sur 1 m. 05 de large; hauteur des lettres : 1re ligne, 0 m. 07 ; 2e et suivantes, 0 m. 05 (1).

```
FORTVNAE RAEDVCI AVG
IMP CAES M AVRELII SEVERI ALE
XANDRI PII FELICIS AVG PONTIF
MAX TRIB POTEST XII COS III PP
ET IVLIAE MAMMEAE AVG matris AVG
NOSTRI ET CASTRORVM ET SENATVS
ET PATRIAE TOTIVSQVE DOMVS DI
VINAE SPLENDIDISSIMVS ORDO
SICCENSIVM DEVOTVS NVMI
NI MAIESTATIQVE EORVM DD · PP
```

Fortunae Raeduci Aug(ustae) imp(eratoris) Caes(aris) M. Aurelii Severi Alexandri Pii, felicis, Aug(usti) pontif(icis) max(imi) trib(unicia) potest(ate) xii, co(n)s(ulis) iii, p(atris) p(atriae) et Juliae Mammeae A(u)g(ustae) [matri]s Aug(usti) nostri et castrorum et senatus et patriae, totiusque domus divinae, splendissimus ordo Siccensium devotcs numini maiestatique eorum; d(ecreto) d(ecurionum), p(ecunia) p(ublica).

8. — Au cimetière juif :

```
MIRAE BONITATIS ATQUE IN
TEGRITATIS VIRO VALERIO ROMANO
V · C · CVRATORI REIP · COL SICCENSI
VM ET VENERIS OB RESTAVRATVM
DEAE SIMVLACRVM QVOD IAMDVDVM
A LATRONIBVS FVERAT INTERRVPTA
TEMPLI MVNITIONE SVBLATVM
STATVAM VENERII AD PROPAGANDAM
SAECLIS OMNIBVS      MEMORIAM
PATRONO FIDO AMORE POSVERVNT
```

(1) *Bull. épigr. de la Gaule,* 1883, p. 35.

Mirae bonitatis atque integritatis viro Valerio Romano, v(iro) c(larissimo), curatori reip(ublicae) col(oniae) siccensium et veneris, ob restauratum deae simulacrum, quod iamdudum a latronibus fuerat, interrupta templi munitione, sublatum, statuam Venerii ad propagandam saeclis omnibus memoriam, patrono, fido amore posuerunt.

9. — A Aïn Meneck (mamelon situé près des abreuvoirs de la route de Souk-Arrhas); d'après la copie qui a été remise à M. Cagnat (1) :

```
      . . NISI . .
      . . IENTIO A
    VIRTUTEM .
      . . M . . . .
    IA . . . PIO
    VICTO N
    VMINI MA
    VE EIVS ET
    VRASIVS
    CRO IVDIC
    RDO SICC
    NIA PF
    CONS
```

Bien que fort incomplet et de lecture douteuse, ce texte permet cependant de lire à la 11ᵉ ligne l'ethnique de Sicca. — M. Schmidt suppose, avec raison certainement, que ce texte présente quelques fautes de copie et il en propose la restitution suivante :

..... Pio [felici in]victo [Aug(usto)] devot(us) n]umini ma[iestatiq]ue eius et [singulari c]ura [e]ius[dem fotus et sa]cro iudic[io ornatus o]rdo Sicc[ensium.....

10. — A l'Henchir el Guetât (2) :

```
    DN IMP ' Caes
    FL IVL CONSTantio
    PF VICTORI sem
    PER AVGusto
    COL IVL VENeria
    CIRT NOVA SICca
    DEVOTA NVMini
    maiestatiq. eius.
```

(1) *Bull. épig.*, t. III, p. 189. — *Ephemeris*, vol. v, p. 366.
(2) *Bull. antiq. afr.*, fasc. 8, p. 217.

D(omino) n(ostro) imp(eratori) C[aes(ari] Fl(avio) Jul(io) Const[antio] p(io) f(elici) victori s[em]per aug[usto]. Col(onia) Jul(ia) Ven[eria] cirt(a) nova Sic[ca], devota numi[ni maiestatiq(ue) eius].

11. — Dans une maison arabe, près de Bab-el-Haouaret, (hôtel de France); lettres de 0 m. 075 à la 1ʳᵉ ligne, 0 m. 06 aux deux autres. Les T ont 0 m. 09 à la 1ʳᵉ ligne, 0 m. 075 à la 3ᵉ (1):

IMP· CAES DIVI SEPTIMI SEVER*i*

. . . . DIVI MAGNI AN

TONINI PII FILIO . . . .

. . . .

. . . .

. . . .

COLONIA IVLIA VENERIA *nova sicca*

L'inscription a été martelée et il ne reste, à la dernière ligne, qu'une bien faible partie des lettres, la pierre ayant été brisée en cet endroit.

12. — A Nebeur, près du Kef (2) :

D · M · S ·

C · PACCIVS · RO

GATVS FL · P · P ·

II · VIR · COL · SIC ·

PREF · CASTE

V · A · LXXVIII · H · S · E ·

D(iis) m(anibus) s(acrum). C(aius) Paccius Rogatus, fl(amen) p(er)-p(etuus), duumvir col(oniae) Sic(cae), pr(a)ef(ectus) caste(lli), v(ixit) a(nnis) LXXVIII. H(ic) s(itus) e(st).

13. — A Djezza, chez les Ouled Yacoub, lettres de 0 m. 07 (3).

GENIO COLONIAE IVLIAE · VENERIAE CIIRTAE NOVAE *cives* [*romani qui*

AVBVZZA · CONSISTVNT · PAGANICVM · PECVNIA SVA · A SOLO [*resti*TVER*unt*

Genio coloniae Juliae Veneriae Chirtae novae, [cives romani qui] Aubuzza consistunt paganicum pecunia sua a solo [resti]tuer[unt].

(1) *Ephemeris*, vol. v, p. 363.
(2) *Ephemeris*, vol. v, p. 361.
(3) *Ephemeris*, vol. v, p. 371.

Nous ne commenterons pas les textes qui précèdent car ils ont pour la plupart donné lieu à de savantes dissertations auprès desquelles les nôtres paraîtraient bien pâles; nous nous contenterons seulement d'en extraire les noms suivants qui sont ceux sous lesquels est désignée l'ancienne ville :

Sicca. (Inscript. 1, 4, 5, 7, 9 et 12.)
Cirtha Sicca. (Inscript. 2 et 6.)
Colonia Julia Cirtha nova. (Inscript. 3.)
Colonia Julia Veneria Chirta nova. (Inscript. 13.)
Colonia Julia Veneria Cirta nova Sicca. (Inscript. 10 et 11.)
Colonia Siccensium et Veneris. (Inscript. 8.)

Et cette diversité de noms nous expliquera l'incertitude des auteurs.

Pendant longtemps la ville, bien que déchue de sa splendeur passée, a conservé son ancien nom sous les formes un peu altérées de *Chikha-Benaria* et de *Chakbanaria.* Le géographe arabe el-Bekri, se sert de la première appellation, et M. Berbrügger, dans le tome Ier, p. 274 de la *Revue africaine*, mentionne trois écrits arabes où la ville est désignée par la seconde. Aujourd'hui la dénomination d'*el-Kef* a prévalu.

L'origine de Sicca Veneria est assez incertaine. Le géographe Solin, que nous avons déjà cité, l'attribue aux Siciliens, et M. Guérin, s'appuyant sur l'analogie qui existe entre le nom de Sicca-Veneria et celui de Succoth-Benoth que portait la Vénus asiatique, pense au contraire que vraisemblablement les Phéniciens furent les premiers fondateurs de la ville.

Cette dernière hypothèse est du reste celle de Shaw, de Jean Seden et de Vossius, mais il ne faut point oublier qu'on a trop abusé pendant longtemps des étymologies phéniciennes au détriment de l'onomastique lybienne dont les Berbères ont hérité. Gesenius et M. Duveyrier, dans son récent ouvrage, peuvent donc être dans le vrai en tirant le mot Sicca d'une racine phénicienne qui se retrouve encore dans le mot *souk* (marché), mais nous croyons qu'il est possible de s'engager plus loin dans cette voie et de dire que les Phéniciens eux-mêmes ont parfaitement pu emprunter aux premiers habitants du sol la racine d'un mot passé, presque sans modification sensible, de la langue lybienne dans la langue berbère, dont l'alphabet conserve encore la plupart des caractères de l'alphabet lybien.

En enlevant aux Phéniciens l'honneur de la fondation de la ville, on rendrait certainement justice au rôle prépondérant que l'élément lybien a dû jouer dans la toponymie du nord de l'Afrique, et nous verrions alors dans l'ancienne Sicca une ville lybienne devenue phénicienne plus tard.

« L'appellation de Sicca, dit M. Duveyrier (1), rappelle que « cette ville a été jadis un grand marché où, à l'exemple de ce « qu'on voit maintenant ailleurs, par exemple à la Mecque, on « célébrait les mystères d'Astarté, la Vénus phénicienne, *en* « *même temps que le culte du Dieu du commerce.* » On sait en effet que le culte de Vénus se célébrait à Sicca. L'inscription que nous avons citée plus haut et le passage suivant de Valère Maxime (2) ne nous laissent aucun doute à ce sujet :

« Siccae enim fanum est Veneris, dit Valère Maxime, in quo « se matronae conferabant atque inde procedentes ad quæstum, « dotes corporis injuriae contrahebant, honesta nimirum tam « inhonesto vinculo juncturae. »

Comme de nos jours les filles des Ouled-Naïl, les filles de Sicca se prostituaient autrefois pour gagner leur dot, et le temple de Vénus abritait leurs orgies. La ville possédait aussi un temple dédié à Hercule, mais en ce qui concerne le culte du dieu du commerce, l'affirmation de M. Duveyrier nous paraît prématurée. Il est difficile en effet de supposer que les historiens aient pu se taire à ce sujet, lorsqu'ils se sont complu à décrire les honteux mystères du culte de Vénus, et nous croyons devoir garder une plus prudente réserve.

Sicca fit longtemps partie de la Numidie. Son histoire est intimement liée à celle de cette province, et nous ne voyons pas qu'il soit possible de l'en détacher nettement. Nous nous bornerons dès lors à parcourir rapidement l'histoire de la contrée, et nous signalerons les rares circonstances où les historiens de l'antiquité font figurer le nom de la ville.

Salluste nous donne quelques détails sur les premiers habitants du nord de l'Afrique. D'après lui les Arméniens, les Mèdes et les Perses, qui avaient suivi Hercule en Espagne, se séparèrent à la mort de ce héros et vinrent en Afrique où se trouvaient alors les Lybiens et les Gétules. « Les Perses, dit-il,

(1) *La Tunisie,* un vol. Paris, Hachette, juin 1881.
(2) Valère Maxime, liv. II, ch. VI, paragr. 15.

« acquirent bientôt une situation florissante. Devenus trop
« nombreux les plus jeunes se séparèrent de leurs pères et
« vinrent, sous le nom de Numides, occuper les environs de
« Carthage. » — Ce récit touche de trop près à la légende
pour qu'il soit permis de s'en contenter; cependant il garde
encore une certaine importance, puisqu'il établit l'antériorité
des Carthaginois sur les Numides, et tout permet de supposer
dès lors que l'ancienne Sicca se façonna bien vite au contact de
la civilisation brillante de Carthage. Alors à l'agglomération
lybienne des premiers âges dut succéder une ville florissante
qui, née de Carthage, emprunta à sa créatrice ses lois, ses
coutumes et sa religion. Quelle que soit du reste l'origine des
Numides, lorsque ce peuple se répandit en conquérant sur la
terre d'Afrique, les villes puniques se transformèrent encore.
Les vaincus furent, ainsi que le dit Salluste, « incorporés au
peuple vainqueur dont ils prirent le nom », mais la civilisation
phénicienne ne disparut pas.

Près de la casbah du Kef ont été récemment découverts des
tombeaux puniques dont les stèles sont aujourd'hui au musée
de Tunis. L'importance de cette découverte ne saurait échapper
à personne et nous reproduirons plus loin les dessins de ces
petits monuments.

Il est bien difficile, en l'absence de données historiques, de
déterminer d'une façon précise les limites de l'ancienne Numidie, dont Sicca faisait certainement partie. Le fleuve Tusca
et le Malva séparaient probablement les Numides, d'une part
des Lybiens, de l'autre des Maures, mais les limites méridio-
nales restent trop indécises pour qu'il soit possible de se hasar-
der à les citer.

Carthage, en implantant son commerce en Afrique, payait
à ses voisins, et aux Numides en particulier, un tribut dont
elle chercha bien vite à s'affranchir par les armes. Victo-
rieuse elle voulut faire peser sur ses vaincus un joug trop
lourd et ne trouva pas toujours en eux des sujets dociles. Les
Lybiens abandonnés en Sicile à la merci du vainqueur par les
Carthaginois qui les avaient conduits devant Syracuse, soule-
vèrent en Afrique une telle protestation que 200,000 soldats se
levèrent pour les venger, en recouvrant eux-mêmes leur liberté.
Tunis tomba en leur pouvoir, Carthage fut menacée ; mais elle
sut jeter la discorde parmi ses ennemis et reprendre en Afrique
son ascendant politique un instant ébranlé. (395 av. J.-C.)

Lorsque vaincu en Sicile par les Carthaginois, Agathocles vint porter la guerre en Afrique, il avait compté sur l'appui des peuples opprimés et cet appui ne lui manqua pas. Mais si les Lybiens furent pour lui de puissants auxiliaires, les Numides n'acceptèrent pas tous son alliance, et Agathocles en retournant en Sicile, après s'être fait proclamer roi d'Afrique, dut laisser à son fils Archagasthe le soin de continuer la lutte. Ce prince envoya Eumaque combattre les Numides pour les forcer à se joindre à lui. Heureux d'abord, le général sicilien put prendre un certain nombre de villes, mais le nombre des ennemis qui accouraient de toutes parts ne tarda pas à le forcer à la retraite. Agathocles revint en Afrique pour la seconde fois. Les Lybiens étaient seuls restés fidèles à sa cause; un échec amena leur défection. Agathocles se voyant perdu s'enfuit en Sicile en abandonnant ses soldats qui se vengèrent en massacrant ses deux fils.

Le rôle de Sicca pendant cette lutte est complétement effacé. Ce n'est qu'à l'époque de la guerre des mercenaires, qui suivit la première guerre punique, que la ville apparaît pour la première fois dans l'histoire. Peuple entièrement composé de marchands, les Carthaginois ne possédaient pas d'armée. « Calculant sans cesse la recette et la dépense », ils faisaient la guerre sans l'aimer et n'avaient pour la faire que des mercenaires recrutés dans tous les pays.

Après une lutte de vingt-quatre ans, lorsque la vieille cité phénicienne eut été contrainte à demander la paix à Rome sa rivale, les soldats qu'elle avait en Sicile durent être rappelés, et profitèrent de leur retour en Afrique pour réclamer leur solde qu'ils n'avaient pas reçue depuis longtemps. Le trésor public était vide à Carthage, mais les citoyens possédaient des fortunes que les mercenaires convoitaient. Le sénat craignit, à bon droit peut-être, qu'ils ne fussent tentés de se payer en pillant la cité. Il fut assez habile pour s'en débarrasser en les envoyant à Sicca avec leurs femmes et leurs enfants; mais lorsque les portes de la ville furent fermées derrière eux, le sénat s'endormit dans une fausse sécurité. A Sicca les murmures continuèrent avec plus de violence. En quittant Carthage chaque soldat avait, il est vrai, reçu une pièce d'or, mais elle avait été bien vite dépensée, et souffrant de la faim, trop nombreux dans une ville dont les ressources s'épuisaient aussi, 20,000 séditieux se portèrent bientôt sur Tunis et menacèrent Carthage qui les abandonnait.

Rapidement effrayé, le sénat fit des concessions qui ne servirent qu'à amener des exigences nouvelles. Les mercenaires avaient compris quelle était la puissance de la peur inspirée par leur présence, mais bien que leur nombre se renforçât chaque jour, ils n'osèrent point tout d'abord attaquer les maîtres qui ne les payaient pas, et au nombre de 70,000 ils se contentèrent d'aller mettre le siège devant Hippo-Zarite et Utique. Ce fut cette diversion qui sauva les Carthaginois. Avec 10,000 hommes Amilcar fit lever le siège d'Utique, et il n'en fallut pas davantage pour que les Numides vinssent avec Naravase apporter au général carthaginois le concours de leur puissante cavalerie.

Battus de tous les côtés, enfermés dans le défilé de la Hache, mourants de faim et de soif sous un soleil torride, 40,000 mercenaires furent massacrés, et la sédition s'éteignit ainsi dans le sang (236 av. J.-C.). Pendant sa longue lutte entre Rome et Carthage, la Numidie avait appuyé Régulus. Elle en fut cruellement punie par les seules dévastations que les légions romaines commirent sur son territoire.

Quelques années plus tard, lorsque Annibal recommença la guerre contre Rome, 15,000 Africains parmi lesquels beaucoup de Numides, se rangèrent cette fois du côté des Carthaginois et vinrent les secourir en Espagne. A la Trébie, où l'arrière-garde de Scipion fut massacrée, au lac Trasimène, à Cannes, Annibal eut en eux de puissants auxiliaires, et lorsque Carthage se décida à secourir son général, 4,000 Numides furent encore envoyés en Italie. Par ses intrigues Scipion réussit, il est vrai, à porter la guerre en Afrique en gagnant à l'alliance romaine le roi Syphax qui gouvernait alors la Numidie occidentale, mais Carthage sut opposer à ce prince un autre prince numide, fils de roi, et Syphax, vaincu par Massinissa, fut honteusement chassé de ses états. Le vainqueur ne s'en tint pas là. Portant la guerre en Espagne, il y poursuivit les Scipions qui furent battus et tués.

Alors eut lieu chez les Numides le plus étrange revirement d'idées. Pendant que Syphax se détachait de l'alliance de Rome en épousant la fille d'Asdrubal, Massinissa, découragé par quelques échecs, traitait avec P. Scipion (1) et revenait en Afrique. Les deux princes s'attaquèrent encore, mais ce fut au tour de

(1) Fils de Corn. Scipion tué en Espagne.

Massinissa d'être dépouillé. Carthage triomphait sur son continent, malheureusement Annibal ne se maintenait que très difficilement en Italie. Tous ses alliés le trahissaient ou étaient battus. Scipion résolut alors d'infliger sur leur propre sol une défaite décisive aux armées puniques. Son arrivée inattendue fut terrible. Avec le précieux concours de Massinissa, les troupes d'Asdrubal et de Syphax furent enveloppées et périrent dans les flammes. (204.)

Pour conjurer le danger qui les menaçait, les Carthaginois songèrent à rappeler Annibal. Le vainqueur de Cannes quitta l'Italie en lui laissant de sanglants adieux, mais Rome sut bientôt prendre sa revanche à *Zama* (19 octobre 202).

Annibal, vaincu par Scipion, dut fuir du champ de bataille jonché de morts. Il vint à Hadrumète, puis à Carthage qu'il avait quittée depuis trente-cinq ans et où il ne rentrait que pour assister à la ruine de sa patrie.

Après Zama, Scipion marcha sur Tunis. Écrasant sur sa route une armée numide, que Vermina, fils de Syphax, avait tenté de lui opposer, il vint dicter à Carthage les conditions de la paix. Elles étaient terribles pour la puissance maritime de cette cité, et pour contrebalancer son influence en Afrique, Massinissa fut établi à ses portes et reçut les états de Syphax qui, poursuivi par son implacable ennemi, fut pris avec sa femme Sophonisbe et conduit à Rome où il mourut dans les fers. Sophonisbe fut épousée par Massinissa. Elle était la fille d'Asdrubal, Scipion ne l'avait point oublié, et l'infortunée périt bientôt empoisonnée, dit-on, par son nouvel époux. Peut-être aussi se donna-t-elle volontairement la mort pour échapper à l'opprobre d'orner le triomphe des vainqueurs de Syphax.

La ruine de Carthage était consommée; jamais elle ne devait se relever de Zama « qui n'était pas seulement la fin de la « deuxième guerre punique, mais encore le commencement de « la conquête du monde (1) ».

(1) Duruy. *Histoire des Romains*, éd. de 1877, t. I, p 424.

CHAPITRE II.

Histoire de la Numidie jusqu'à l'avènement des proconsuls. Massinissa et Jugurtha.

En établissant Massinissa aux portes de Carthage, Rome n'ignorait pas quel puissant ennemi elle attachait aux flancs de sa rivale. Ne devant pas faire la guerre sans le consentement de leurs vainqueurs, les Carthaginois ne pouvaient que se plaindre chaque fois qu'une province nouvelle leur était enlevée par Massinissa qui, sûr de l'impunité, devenait de plus en plus audacieux. En 199, en 193, en 182, s'étaient produits des empiètements répétés. Chaque fois, Carthage avait inutilement adressé ses plaintes à Rome. Lorsque la province de Tusca fut usurpée, en 174, par Massinissa, la cité punique fut cependant assez heureuse pour trouver des médiateurs. Caton fut envoyé en Afrique, mais la déception de Carthage fut grande lorsqu'elle vit ce romain aider le prince numide et ne retourner dans sa patrie que pour pousser son perpétuel cri de guerre : « *Delenda est! Carthago* ».

L'arrogance de Massinissa ne connut dès lors plus de bornes. Malgré ses traités, Carthage lança contre lui cinquante mille hommes; ils furent exterminés dans un seul combat et Utique se livra aux Romains, qui s'empressèrent d'intervenir en envoyant une armée.

Son premier acte fut d'imposer à Carthage la livraison de toutes ses armes et la perte de tous ses vaisseaux. Pour avoir la paix la malheureuse cité se soumit à cette humiliation, mais lorsque Rome, par une infâme perfidie, exigea l'évacuation de la ville, les Carthaginois préférèrent mourir plutôt que de subir cette honte nouvelle, et la résistance s'organisa (149).

Pendant trois ans ils soutinrent contre leurs rivaux un siège sans exemple. Rome put croire un instant que la victoire allait lui échapper, mais si l'énergie du désespoir décuplait la force de ses adversaires, si ceux-ci combattaient toujours avec le même courage, les vides devenaient de plus en plus nombreux dans leurs rangs. Réduits de 700,000 à 50,000 hommes, ils ne purent empêcher Scipion Emilien de s'emparer de la muraille qui environnait le port, et les derniers d'entre eux, retranchés dans le temple d'Esculape, trouvèrent un tombeau sous les ruines fumantes de leur patrie (146).

Massinissa, dont le royaume s'étendait alors des bords du Malva à ceux du Tusca, et de cette rivière jusqu'à Thenae, n'assista pas à la chute de Carthage, que ses guerres continuelles avaient préparée. Il mourut en 143, léguant son royaume aux Romains qui le partagèrent entre ses trois fils.

Carthage ne devait jamais être rebâtie. C'est ainsi qu'en avait décidé le sénat, et trente ans ne s'étaient pas écoulés que 6,000 Romains jetaient sur son emplacement les fondations d'une nouvelle ville.

Caius Gracchus, en voulant plaire au peuple, créait ainsi la première colonie romaine hors de l'Italie (122).

La Numidie était couverte alors de nombreuses et florissantes cités. Entre les mains d'un seul elle eût pu hériter en Afrique de l'influence que venait de perdre Carthage. Rome le comprit, et pour ne pas s'exposer à des dangers nouveaux elle partagea la province entre les trois fils du vieux roi.

Deux d'entre eux moururent rapidement ; Micipsa, le troisième, resta seul. Son héritage fut partagé à sa mort entre ses deux fils, Adherbal et Hiempsal, et son neveu Jugurtha qu'il avait adopté. Le roi numide avait fait ainsi la part de son parent, craignant à bon droit qu'il ne se la fît lui-même au détriment des héritiers directs du trône. Les trois rois devaient régner conjointement, mais Jugurtha rêvait d'autres destinées. Dès les premiers jours il fit égorger Hiempsal et força Adherbal vaincu à se réfugier dans la province romaine formée autour de Carthage (117). Comme Rome voulait cependant que la Numidie restât divisée, dix commissaires furent envoyés par elle pour soutenir les droits d'Adherbal. Ils les soutinrent en effet, mais gagnés par Jugurtha ils donnèrent à ce prince la meilleure part. Adherbal rentra néanmoins dans sa capitale qui se trouvait à Cirtha (1). Au mépris de la protection romaine, Jugurtha vint l'assiéger, et lorsque la famine l'eut forcé à rendre la ville, le malheureux prince fut à son tour mis à mort (112).

Une telle audace étonna les Romains eux-mêmes. Calpurnius fut envoyé contre Jugurtha. Le rusé prince sut l'acheter par

(1) Aujourd'hui Constantine.

ses largesses et conserver son royaume. Un tribun du peuple, Memmius, ayant osé cependant accuser publiquement les nobles de s'être laissés corrompre par l'or des Numides, le sénat craignit l'indignation générale, et décrétant que la Numidie devenait province proconsulaire fit venir à Rome Jugurtha. Il obéit, et, sûr de l'appui des grands, osa comparaître devant le sénat. Il y avait à Rome un prince numide petit-fils de Massinissa ; craignant quelque compétition fâcheuse, Jugurtha le fit assassiner (110). Chassé de la ville, il revint en Afrique. Cinquante mille Romains le suivirent, furent vaincus et durent passer sous le joug (109).

Menacée par les Cimbres, Rome avait hâte de se débarrasser de son ennemi. Elle envoya contre lui Métellus qui venait d'être nommé consul, et Jugurtha fut dès lors poursuivi sans relâche. Sa défaite sur les bords du Muthul, la prise de Vaga (Beja), qui était devenue sa capitale, celle de *Sicca*, qui était une de ses plus puissantes villes, portèrent une rude atteinte à sa fortune. Alors commença de la part des Numides une guerre d'escarmouches sans merci. Métellus ne s'en effraya pas. En poursuivant leurs ennemis insaisissables, les légions romaines brûlaient les villes, ravageaient les plaines et laissaient partout des soldats. *Sicca* était devenue pour elles un entrepôt précieux qui leur permettait de continuer indéfiniment la lutte, et pendant ce temps le pays s'épuisait. Pour obtenir la paix, Jugurtha paya 200,000 livres d'argent et livra tous ses éléphants. Rome exigea plus encore et demanda au roi numide de se livrer lui-même au consul. Jugurtha refusa. Un premier succès remporté sous les murs de Zama faillit amener la délivrance de la ville assiégée. Aussi, lorsque *Sicca*, qui n'était restée dans l'alliance romaine que parce qu'un lieutenant de Métellus, Marius, devenu plus tard son égal, avait écrasé sous ses murs la cavalerie numide, eut manifesté pour Jugurtha des sentiments moins hostiles, lorsque les rivalités de Marius et de Métellus eurent éclaté au grand jour, le roi vaincu put se croire sauvé. Malheureusement Marius venait d'être nommé consul et de recevoir la province d'Afrique en partage. Jaloux des succès de son collègue, qui venait de prendre Thala, le nouveau consul s'empressa de quitter Rome, où il était allé briguer les suffrages du peuple. Quand il arriva en Afrique à la tête des prolétaires qu'il avait enrôlés, la guerre fut plus rapidement menée que jamais. Battu

2

près de Cirtha, dépouillé de toutes ses villes, Jugurtha alla demander un asile à son beau-père Bocchus, roi de Mauritanie. Deux batailles malheureuses triomphèrent des bons sentiments de ce prince qui livra son gendre aux Romains. Ainsi finit la puissance du roi numide qui, conduit à Marius par le questeur Sylla, dut suivre à Rome le char du triomphateur, pour mourir de faim quatre jours après dans la prison du mont Capitolin. La province romaine fut agrandie, et Sicca en particulier cessa pour toujours de faire partie de la Numidie. Pour prix de ses services, Bocchus reçut un certain nombre de villes, quant au reste, si les historiens ne disent pas ce qu'il devint, tout permet de supposer qu'il fut accordé à un certain Gauda, vieillard valétudinaire, frère de Jugurtha. Ce roi du reste ne vécut pas longtemps, et deux princes numides se partagèrent son trône. L'un, Hiempsal, était petit-fils de Massinissa; l'autre, Hierbas, était fils de Gauda et frère de Jugurtha. Rome n'avait pas voulu créer une province; elle craignait cet ennui nouveau, car pendant qu'elle soumettait l'Afrique, six de ses armées se faisaient massacrer par les Cimbres et les Teutons. Après la chute de Jugurtha, les rois de Numidie ne pouvaient guère porter ombrage à sa puissance.

Lorsque plus tard, pendant la guerre sociale, le vainqueur des Numides dut quitter sa patrie qu'il avait sauvée, mais où son ambition le rendait odieux, ce fut chez ses anciens ennemis qu'il fit demander un asile, et Marius vint pleurer sur les ruines de la cité de Didon. Obligé de fuir, il sut gagner à sa cause assez de soldats pour venir à leur tête se faire proclamer dans Rome consul pour la septième fois. C'était là cependant son dernier triomphe, et le 13 janvier 86, le paysan d'Arpinum, en rendant le dernier soupir, laissait le pouvoir à Sylla son mortel ennemi.

Ainsi que tous les anciens amis de Marius, la Numidie eut à souffrir des ressentiments de Sylla. Pompée fut envoyé en Afrique, et le roi Hierbas, qui possédait alors seul le trône, fut battu et tué près d'Utique. Son attachement au vainqueur des Cimbres lui coûtait la vie, mais cette dure leçon ne rendit les Numides ni plus circonspects ni plus soumis.

Quarante ans plus tard, lorsque César et Pompée se disputèrent le pouvoir avec un acharnement sans égal, la Numidie prit parti pour le vaincu de Pharsale et recommença la lutte comme autrefois. Le préteur Curion fut envoyé contre elle, vint débarquer à Aquileria, fut heureux d'abord mais se fit infliger par le roi Juba une sanglante défaite sur les bords du Bagradas, et se donna la mort pour ne pas survivre à ce désastre. Peut-être aussi craignait-il la colère de César qui, pour venger l'échec subi par son lieutenant, vint combattre lui-même en Afrique. Avec une faible troupe, le vainqueur des Gaules débarqua près d'Hadrumète et fut rejoint par un aventurier appelé Sittius, qui connaissait la Numidie et était tout heureux de profiter des armes romaines pour assouvir ses ressentiments contre Juba.

L'armée de César essaya vainement de s'emparer d'Hadrumète; la ville fit une résistance opiniâtre qui décida les assaillants à se replier sur Leptis où des renforts leur arrivèrent de Sicile. Juba se porta contre eux avec Labienus. La bataille s'engagea près de Ruspina et les Pompéiens furent vaincus. Enhardi par cette défaite et sollicité par Sittius, le roi de Mauritanie intervint dans la lutte en envahissant les états de Juba, qui dut se porter en toute hâte à leur secours, surtout lorsque Cirtha, leur capitale, eut été obligée de se rendre au lieutenant de César. L'armée consulaire s'avança dès lors sur Thapsus pour y frapper les derniers coups. Cneus Scipion, fils adoptif du beau-père de Pompée, avait reçu de Caton le commandement des forces pompéiennes. Il eut pu écraser l'armée de César dans sa marche, mais ses lenteurs n'aboutirent qu'au désastre de sa propre armée. Hadrumète, Zama, Thapsus ouvrirent leurs portes. Juba se donna la mort; Scipion, Caton et presque tous les chefs pompéiens ne voulurent pas non plus tomber vivants entre les mains du vainqueur, et celui-ci profita de sa victoire pour réunir à la province romaine la plus grande partie des états de Juba. Sittius et Bocchus se partagèrent le reste, et l'historien Salluste reçut le gouvernement de l'Afrique.

La Numidie entrait dans une ère nouvelle en passant sous la domination de Rome et l'administration des proconsuls.

Nous n'essaierons pas d'esquisser l'histoire de cette domination. D'autres plumes plus autorisées que la nôtre l'ont fait, et tout ce que nous pourrions dire a été déjà dit maintes fois. Nous nous contenterons d'en indiquer en quelques lignes les faits les plus saillants, car nous avons hâte d'aborder l'étude des monuments épigraphiques du Kef, qui doit former du reste le fond de notre travail.

Lors du triumvirat d'Octave, Antoine et Lépide, la Numidie romaine échut en partage au premier. T. Sextius qui en était alors le gouverneur, somma Q. Cornificius d'abandonner à son profit la province d'Afrique où il était établi. Celui-ci répondit en envoyant Lœlius, l'un de ses lieutenants, mettre le siège devant Cirtha, qui faisait partie du gouvernement de son rival. Se voyant ainsi menacé, Sextius s'allia avec le roi numide Arabion, et Lœlius vaincu dut lever le siège de la ville pendant que Cornificius venait trouver la mort sous les murs d'Utique. Sextius restait seul. Forcé quelques années plus tard de remettre son commandement à Fuficius Fango, il se hâta de le reprendre dès qu'une occasion favorable se présenta. Vainement ce dernier tenta de se défendre; malgré la mort de son allié Arabion, Sextius vainquit Fango qui, trahi par ses Numides, se tua, laissant ainsi son adversaire de nouveau seul maître des deux provinces, et cela jusqu'au jour où Lépide vint le remplacer.

La série des proconsuls d'Afrique se continua avec *Statilius Taurus* et *L. Cornificius* qui, tous deux, eurent à réprimer des soulèvements intérieurs. Les indigènes ne se soumettaient qu'à regret à la domination romaine et cherchaient à recouvrer leurs libertés d'autrefois.

En 27 avant J.-C. *Auguste* réorganisa le pays. Au commencement du règne de *Caligula*, un légat impérial fut chargé d'administrer la Numidie, tandis que la province d'Afrique restait confiée à des proconsuls.

La paix ayant été enfin rendue aux cités, elles ne tardèrent pas à devenir florissantes et prospères.

Presque dès son origine, le christianisme s'y répandit. Des villes nouvelles se construisirent partout sur les ruines des anciennes, et Sicca devint le siège d'un évêché.

Malheureusement, lorsque les *Vandales* passèrent en Afrique, la dévastation les y suivit. Avec Genseric ils vinrent jusqu'à Carthage, ne laissant derrière eux que des villes brûlées et des champs dévastés (439).

Bélisaire et les Grecs triomphèrent de leurs hordes barbares cent ans plus tard (533), mais la ruine des cités commencée avec elles n'en fut guère retardée pour cela.

L'invasion musulmane fit disparaître ce que les Vandales avaient épargné (655).

2ᵉ PARTIE

—

ÉPIGRAPHIE DU KEF

PÉRIODE ROMAINE

CHAPITRE Ier.

Inscriptions relatives à des monuments publics.

14. — Fragments gravés sur des architraves de la basilique chrétienne de l'intérieur de la ville.

a   *b*   *c*

*pro beati*tVDIN|E TEMPORVM D|D N *n* AVGV*storum*

d   *e*   *f*

|ETO PORTICVM AR|EAE   FR | ..... *pro*|VINCIE NVMIDIE LG|

g

|DICAVIT|

Si la basilique n'a pas été construite sur l'emplacement d'un édifice païen, l'inscription que nous venons de citer prouve que les matériaux dont on se servit faisaient précédemment partie d'un monument romain.

Il est bien difficile de déterminer quels sont les deux *Augustes* mentionnés dans l'inscription. Cependant peut-être la rédaction même du texte fournit-elle une donnée précieuse. Le fragment *f* doit se lire sans doute : [pro]vinci(a)e Numidi(a)e, et l'absence de la lettre *a* à la fin de ces deux mots, en nous indiquant que l'inscription a été gravée à une basse époque, nous fait penser que les noms des deux Augustes pourraient bien être ceux de Constance Chlore et de Maximien. L'ancien monument serait alors postérieur à l'année 301.

15. — Fragment

.... viro V[alerio?]

NVIRON

16. —

VNCOSVI
..... ORVFO

..... Octavi[o? Rufo...

17. — *Quod felicissi*MORVM INVICTISSIMORVMQ. PRINCIPVM
CVMTOTIVS OR[*bis romani tum Africae nostrae*.......]
præcipua
CVRA INLVSTRI PROVISIONE PRAECEPIT ORHARI... SE (1).

18. — Dans une rue, sur un piédestal enfoncé dans le sol,
lettres de 0 m. 035 (2).

```
 1. Q ' OCTAVIO ' RVFO ' ERV
    CIANO ' EQVIT ' R ' FL ' PP ' E ' V '
    PATRI ' Q ' OCTAVI ' FORTV
    NATI ' ERVCIANI ' STELLAE
 5. STRATONIANI ' C ' I '
    L ' SALLVSTIVS ' SATVRNINVS
    OMNIB ' HONOR ' FVNCTVS
    IVSTO ' VIRO ' OB NOTISSI
    MAM ' OMNIBVS ' IN ' SE ' BONI
10. TATEM ' QVA ' IN ' PERPETV
    VM ' EST ' RESERVATVS '
```

Q(uinto) Octavio Rufo Eruciano, equit(i) r(omano), fl(amini) p(er)-
p(etuo), e(gregio) v(iro). patri Q(uinti) Octavi(i) Fortunati Eruciani,
stellae Stratoniani, c(larissimi) j(uvenis), L(ucius) Sallustius Saturninus, omnib(us) honor(ibus) functus, justo viro ob notissimam
omnibus, in se bonitatem qua in perpetuum est reservatus.

19. — Près de Bab-el-Ani, lettres de 0 m. 09 à la 1ʳᵉ ligne,
0 m. 07 à la 2ᵉ, 0 m. 06 aux deux autres (3).

imp. caes. divi ANTONINI ' FIL ' DIVI *veri arm. med. parth. max.*
fratri divi HADRIANI ' NEPOTI ' DIVI *traiani parthici pron.*
divi nervae ABNEPOTI ' M ' AVRELIO *Antonino augusto armen.*
med. parth. maximo ' P ' M ' TRIB ' POT ' XXV ' IMP V *cos iii pp. dd. pp.*

(1) *Bull. épigr.*, t. III, p. 190. — *Ephemeris*, vol. V, p. 365.
(2) Pélissier. — Berbrugger. — Guérin, t. II, p. 64. — *Corpus*, nᵒ 1646.
(3) *Corpus*, nᵒ 1630.

[Imp(eratori) Caes(ari divi An[tonini, fil(io), d[ivi Veri Arm(eniaci)
Med(ici), Parth(ici) max(imi) fratri, divi II]adriani nepoti, div[i Traiani
Parthici pron(epoti), divi Nervae] abnepoti, M(arco) Aurelio A[ntonino,
Augusto, Armen(iaco), Med(ico), Parth(ico) maxi]mo, p(ontifici)
m(aximo), trib(unicia) pot(estate) xxv, imp(eratori) v, co(n)[s(uli) iii,
p(atri) p(atriae), d(ecreto) d(ecurionum), p(ecunia) p(ublica)].

Ce texte est daté de l'année 171 ; ce n'est que l'année suivante
que Marc Aurèle prit le titre de Germanicus.

20. — A Aïn-Meneck (1).

M · IVLIVS FV . . . .

. . . .

Nous ne saurions affirmer que ces quelques lettres n'appar-
tiennent pas à une inscription tumulaire.

21. —

```
  1. D O M I N A E
     N O S T R A E
     f l A V I A E
     H E L E N A E
  5.   A V G ·
     M · V A L E R
     GYPASIVS V · C ·
  CVR · REIP · ET D · V · DE
  VOT · NVMINI MA
 10. IESTATIQVE EIVS (2)
```

Dominae nostrae [Fl]aviae Helenae Aug(ustae). M. Valer(ius)
Gypasius, v(ir) c(larissimus), cur(ator) reip(ublicae) et d(uum)v(ir)
devot(us) numini maiestatique eius.

Flavia Helena, fêtée le 18 août par l'église catholique qui l'a
canonisée sous le nom de sainte Hélène, fut répudiée par Constance Chlore lorsque celui-ci, créé César par Maximien, dut
épouser la fille de cet empereur. Redevenue plus tard toute-
puissante, elle embrassa le christianisme avec son fils Constantin
et fit construire l'église du Saint-Sépulcre à la suite d'un voyage
exécuté en 325 à Jérusalem. La dédicace du Kef a dû être vraisemblablement gravée sous le gouvernement de Constantin,
pendant la période comprise entre l'avènement de ce prince
(306) et la mort d'Hélène survenue à Rome en 328.

(1) *Bull. épigr.* t. iii, p. 234.
(2) Guérin, t. ii, p. 65. — *Corpus*, n° 1633.

22. — On lisait autrefois l'inscription suivante dans un mur romain contigu à la maison de Si Mohamed ben Zebli; le mur a été démoli en 1883, et la pierre est probablement perdue. Lettres de 0 m. 045 (1).

IN HOC SIG|NVM SEM

PER VI|NCES
α | ω

In hoc signum semper vinces (*sic*).

Bien que légèrement modifié on reconnaît ici le texte du *labarum* de Constantin.

23. —
. . . . O
. . . *avg* . .
. . . O . . .
. . . P . . . (2)

24. — A Dar Oudia, lettres de 0 m. 11.

Tito CAESARI
imp. VESPASIANI
AVGVSTI *Fil*
dd PP (3).

(Tito] Cæsari |imp(eratoris) V]espasiani f[il(io), d(ecreto) d(ecurionum)] p(ecunia) [p(ublica)].

25. —
HONORI ET VIRTVTI
IMP ' CAES M AVRE
LII *cari pf* INVICTI
. . . . (4).

Honori et virtuti imp(eratoris) Caes(aris) M. Aurelii C(ari p(ii) f(elicis)] in(victi.....

26. — Lettres de 0 m. 03.

DIVO MAV*relio*
COMMODO *anto*

(1) Guérin, t. II, p. 66. — *Corpus*, n° 1767.
(2) *Bull. épigr.*, t. III, p. 234.
(3) *Bull. épigr.*, p. 186. — *Ephemeris*, vol. V, p. 364.
(4) *Corpus*, n° 1626.

NINO DIVI MAVreli
aNtoNINI FIL fratri
iMp · caes · l · SEPTIMI Severi
PII PERTINACIS aug · ara
BICI ADIABENici parthi
CI MAXIMI PAtris imp · caes ·
MAVRELI ANTONini aug ·
et l · septimi getae
nobilissimi cæsaris
dd   pp   (1)

Divo M(arco) Au[relio] Commodo [Anto]nino, divi M(arci) Au[reli(i,] An[ton]ini fil(io) [fratri i]m[p(eratoris) Cæs(aris) L(ucii)] Septimi(i) Severi] pii Pertinacis, [Aug(usti), Ara]bici, Adiaben[ici, Parthi]ci maximi, pa[tris imp(eratoris) Cæs(aris)] M(arci) Aureli(i) Ant[onini Aug(usti) et L(ucii) Septimi(i) Getae nobilissimi caesaris; d(ecreto) d(ecurionum), p(ecunia) p(ublica)?]

M. Cagnat s'est servi pour compléter ce texte d'un texte iden· tique copié à l'Henchir Ali-Bel-Kassem, le ad Aquas de la Table de Peutinger.

27. — Fragment trouvé à Aïn Meneck (2).

PON

28. —   pro salute ?
1. IMP · CAES L SEPTIMI SE
VERI PII PERTINACIS AVG ARA
BICI ADIABENICI PARTHICI MAX
FORtissimi FELICISSIMI PRinc et
5. IMP CAES MAVR ANTO
NINI PII AVG FELICIS fili eius
DIVI M ANTONINI PIi nepot.
DIVI ANTONINI PII prone
pot DIVI ADRIANi
10. abne pot divi TRAIANI
PARTIICi et divi NeRVAE
adnepot dd PP (3).

(1) Bull. épigr., t. III, p. 187. — Ephemeris, vol. v, p. 365.
(2) Bull. épigr., t. III, p. 234.
(3) Bull. épigr., t. III, p. 188. — Ephemeris, vol. v, p. 365.

Lettres liées : l. 1, т et ı; l. 2, т et ı; l. 3, в et ı, d et ı, ıı et ı, м et a; l. 6, n et ı, ı et ı; l. 7, n et ı; l. 8, d et ı; l. 9, r et ı.

[Pro salute?] imp(eratoris) Cæs(aris) L(ucii) Septimi(i) Severi pii, Pertinacis Aug(usti), Arabici, Adiabenici, Parthici max(imi), for[ti]ssimi, felicissim[i], pr[inc(ipis), et] imp(eratoris) Cæs(aris) M(arci) Aur(elii) Antonini, pii, Aug(usti), felicis [filii eius], divi Marci Antonini pi[(i) nepot(is)], divi Antonini pii (pronepot(is), d]i[vi] T[r]aiani Parthic[i et divi Ne]rvae [adnepot(is); d(ecreto) d(ecurionum)], p(ecunia) p(ublica).

Septime Sévère prit le titre de Parthicus en 199, et Géta celui d'Auguste en 209. Le texte a dû être gravé entre ces deux dates.

29. — Dans l'intérieur de la casbah, lettres de 0 m. 075 (1).

```
P  SEPTIM
   GETAE
   COS II
   FRATRI
```

Lettres liées : l. 1, т et ı; l. 4, r et ı.

M. Cagnat suppose que ce texte se rapporte non à Geta mais au frère de Septime Sévère, qui portait les mêmes noms que son neveu l'empereur Geta. Plusieurs raisons viennent, en effet, à l'appui de cette hypothèse.

D'abord le nom de Geta n'est pas martelé, contrairement à ce qui a eu généralement lieu en Afrique.

Ensuite, au moment de son second consulat, Geta (208) portait le titre de *nobilissimus Cæsar*, qui n'est pas indiqué sur la pierre.

Enfin, avant de signaler sa parenté avec Caracalla, on aurait sans doute mentionné le nom de son père et il devrait y avoir ..... *imp. caes. L. Septimi Severi etc... filio.*

Dès lors si le texte se rapporte à P. Septimius Geta, frère de Septime Sévère, la date qu'il convient de lui assigner est l'année 203, qui marque le deuxième consulat de Septimius Geta, et comme ce prince mourut probablement au commencement de janvier, la date du texte se trouve ainsi fixée à quelques jours près.

(1) *Bull. épigr.*, t. ıı, p. 70. — Cagnat, *Expl. en Tunisie*, 1er fasc. p. 93.

Si la savante dissertation de M. Cagnat est exacte, le texte pourrait alors être restitué comme suit :

P(ublio) Septim[io] Getae, co(n)s(uli) ii, fratri imp(eratoris) caes(aris), L. Septimi(i) Severi, pii, Pertinacis, Aug(usti), etc..... pont(ificis) max(imi), trib(uniciæ) pot(estatis) xi, imp(eratoris) xi, co(n)s(ulis) iii, p(atris) p(atriæ), proco(n)s(ulis)? d(ecreto) d(ecurionum)? p(ecunia) p(ublica)?

30. —   RNA (1)

31. —   ſIL QVIR
                         VER (2)

..... ſ[ilius (?) Quir(ina) (tribu).....

32. — A l'entrée de la voûte du Dar-el-Bey; lettres de 0 m. 05 (3).

> PORTAE NOVAE
> SACRVM EX VISV
> Q · IVNIVS IVSTINI
> ANVS FECIT

Portae novae sacrum ex visu. Q(uintus) Junius Justinianus fecit.

Le *Corpus* lit *Terminianus* aux 3e et 4e lignes.

33. — A l'angle d'une rue, près du Dar-el-Bey; lettres de 0 m. 14 (4).

> I PERP

...., flamin]i perpet[uo... (?)

34. — Dans le mur ouest de la casbah; lettres de 0 m. 11

> I · AEMILIVS
> A · AEMILIVS
> C · AEMILIVS

(1) *Bull. épigr.*, t. III, p. 234.
(2) *Bull. épigr*, t. III, p. 234.
(3) Guérin, t. II, p. 63. — *Corpus*, n° 1629.
(4) Cagnat, p. 87.

35. — In curte parietinarum quae dicuntur ksar Hambd-er-roumiath; in lapide alto m. 9,49, lato 9,66, crasso 9,47; litt. 0 m. 125 (1).

GENIO
SENATVS

Genio [Augusti sacrum (?)].....

36. — A la casbah, dans le mur extérieur, près de la porte est; lettres de 0 m. 10.

M IVLIVS
NITIANO PON

..... pon[tifici max(imo)?.....

37. — Au camp de Bab-el-Cherfline; lettres de 0 m. 10 (2).

i MP CAES DIVi Traiani parth. fil.
DIVI NERvae nep. traiano
HADRIAno aug. pont. max.

[Imp(eratori) Caes(ari) di[vi Traiani parth(ici) fil(io)], divi Ne[rvae nep(oti) Traiano] Hadria[no Aug(usto) pont(ifici) max(imo).....

38. —   VVETVS
                    ───────────
                        TIANO

39. — Dans le local des Postes; provenance inconnue; lettres de 0 m. 06, les T, les F et les P ont 0 m. 07 (3).

..... NO PROVINCI.....
VIVS FAVSTINIANVS PONTIFEX CVR RP

..... patro]no provinci[ae(?) ..... Vitru[vius? Faustinianus, pontifex cur(ator) r(ei)p(ublicae).....

40. — Fragments faisant probablement partie d'une même inscription; lettres de 0 m. 10 (4).

(1) *Ephem*, vol. v, p. 363.
(2) *Ephem.*, vol. v, p. 364. — *Bull. ant., afric.*, t. v, p. 290. — *Bull. épigr.*, t. iii, p. 187.
(3) *Bull. épigr.*, t. iii, p. 190. — *Ephemeris*, vol v, p. 368.
(4) Cagnat, p. 93.

a	O SAL	... pr]o sal[ute?...
b	LI	
c	TITO	
d	VI TOC	

41. —   AПOPV̄ (1)

42. — A Ksar-er-Ghoul ; lettres de 0 m. 09 (2).

ARIA ˙ DEFENDIT IN ANT*ro*
˙ CONSERBAT IN ALT...

..... defendit in ant[ro.....] conservat in.....

Entre les deux lignes on a gravé, probablement depuis peu,
l'inscription tumulaire suivante :

† ICI AVRORA CONSENTINO

43. — Dans les jardins du Kef, au revers d'un bas-relief
représentant deux chimères gardant une urne ; lettres de
0 m. 185 :

PIETA

Peut-être ce texte faisait-il partie de la dédicace d'un temple
à la Piété ?

44. —   ST*I*T*V*TOS (3)

45. — Autrefois au musée du Kef, aujourd'hui sans doute à
celui de Tunis (4) :

. . . . . SALVA MEMORIA CONDITORI

46. — Au Bordj Turki :

*au*G SACRVM
... S ET SECVNDIANVS D
*te*MPLI SOLVERVNT

..... Aug(usto) [vel Aug(usti)] sacrum..... et Secundianus, d[e sua
pecunia? te]mpli solverunt.

(1) Guérin t. II, p. 65. — *Corpus*, n° 1652.
(2) *Corpus*, n° 1654.
(3) Le *Corpus*, n° 1653, lit s ˙ TITVLOS.
(4) *Bull. épigr.* t. III, p. 234.

47. — A gauche de la route de Souk-Arrhas, près de la Kouba de Sidi Abdallah-es-Shir; lettres de 0 m. 15 (1) :

a

. . . *q*VOD NON S

La pierre présente sur l'une de ses faces quatre dauphins enlacés.

b

TE FLAVIO C

. . . curan]te Flavio C[onstantino (?).....

c

TEN

Les trois fragments appartenaient sans doute à la même inscription.

48. — Près d'une source, au sud de la ville; lettres de 0 m. 29 (2).

OSCAL .

49. — Près d'Aïn-Meneck; lettres de 0 m. 06 (3) :

. . . S · PRAE*f* · VRBIS *leg* ·
aug PR · PR · PROVINC*iae* ·
*lu*SITANIAE I*nferioris* ?
*cura*TOR VIA F*laminia*
a *sanc*TISSIM*is* MAXIM*isq*
impe*r*A*toribus* AVGG *nn* ·

. . . . . prae[f(ectus)] urbis, [leg(atus) Aug(usti)] pr(o)pr(aetor) provinc[iae Lu]sitaniae i[.....cura]tor via fl[aminia a san]ctissim[is] maxi[misq(ue) impe]ra[toribus] Aug(ustis) [n(ostris)].

50. — IMP · CAES . . . .
PIO FELICI *augusto* . . . .
CIR*tae novae Siccae* (?). , ...
DEVOTI N*vmini maiestatiq* · *eius* (?) (4).

51. — . . . . . COS
FELICI AVG (5).

. . . . . felici Aug(usto). . . . .

(1) *Bull. épigr.*, t. III, p. 190. — *Ephem.*, vol. V, p. 366.
(2) *Bull. épigr.*, t. III, p. 234.
(3) *Bull. épigr.*, t. III, p. 190. — *Ephem.* vol. V, p. 366.
(4) *Corpus*, nº 1634.
(5) Guérin, t. II, p. 65.

52. — Rue Sablath-Ali ; lettres de 0 m. 04 (1) :

```
1. IOVI · OPT · MAX ·
   CONSERVATORI · SAN
   CTISSIMORVM PRINCI
   PVM · DD · NN ·
5. IMP·CAES·L·SEPTIMI SEVERI PER
   TINACIS · AVG · ARAB · ADIA
   B · PART · MAX · FORTISSIMI
   FELICISSIMI·PONT·MAX·TR.
   POT· XVI· IMP· XII· COS· III · P· P· ET
10. IMP · CAES · M · AVRELI·ANTO
   NINI· PII· AVG· PARTHICI· TR· POT·
   XI· IMP· II· COS III P· P· . .
   . . . . . . . . . . . . . . .
   . . . . . . . ET IVLIAE Aug ·
15. MATRIS·AVG· ET· CASTRORVM
   OB· CONSERVATAM· EORVM· SA
   LVTEM DETECTIS insIDIIS
   HOSTIVM · PVBLICORVM
   DD                    PP
```

Jovi opt(imo) max(imo) conservatori sanctissimorum principum
d(ominorum) n(ostrorum), imp(eratoris) caes(aris) L. Septimi(i) Severi,
Pertinacis, Aug(usti), Arab(ici), Adiab(enici), Part(hici) max(imi)
fortissimi, felicissimi, pont(ificis) max(imi), tr(ibuniciae) pot(estatis)
xvi, imp(eratoris) xii consulis iii, p(atris) p(atriae) et imp(eratoris)
caes(aris) M. Aureli(i) Antonini Pii Aug(usti), Parthici, tr(ibuniciae)
pot(estatis) xi, imp(eratoris) ii co(n,)s(ulis) iii, p(atris) p(atriae). . . . .
et Juliae [Aug(ustae)] matris Aug(usti) et castrorum ob conservatam
eorum salutem detectis [insidiis hostium publicorum ; d(ecreto)
d(ecurionum), p(ecunia) p(ublica).

A la 4ᵉ ligne le *Corpus* donne par erreur : DD · DN · NN.

53. —
```
1. Q · IVLIO · C · F · QVIR
   AQVILAE
   EQVO · PVBLICO
   ADLECTO · IN QVINQ
5. DECVRIAS·< LEG·I·ADIV
   TRICIS· > LEG· XXX VLPI
```

(1) Guérin, t. II, p. 68. — *Corpus*, n° 1628.

```
ΛE · VICTRICIS · > LEG X
          FRETENSIS
    IVLIVS · FIDVS · AQVILA
10. FRATRI· OPTIMO· DECRETO
     ORDINIS · POSVIT · P · P
          REMISSA (1).
```

Lettres liées : l. 1, ɪ et ʀ.

Q(uinto) Julio, C(aii) f(ilio), Quir(ina tribu), Aqu[i]lae, equo publico, adlecto in quinq(ue) decurias, centurioni leg(ionis) primae Adjutricis, centurioni leg(ionis) xxx Ulpiae Victricis, centurioni leg(ionis) x Fretensis.

Julius Fidus Aquila fratri optimo, decreto ordinis, posuit, p(ecunia) p(ublica) remissa.

Avant Caligula, le corps des juges se composait de mille membres répartis en quatre décuries. Une cinquième décurie fut créée par ce prince et ceux qui en firent partie furent appelés : *allecti in quinque decurias.* Le centurion Julius Aquila était de ce nombre.

54. — Dans la cour du Dar-el-Bey (2); lettres de 0 m. 035 (3):

```
       . . . . . . .
1.  Π Α Ρ Δ Λ Λ Λ
    Ε Υ Σ Ε Β Ε Ι
    ΒΙΩΣΑΝΤΙ · Ε
    ΤΕΣΙ · Ā · ΣΥ
5.  ΣΚΗΝΩΙ · ΚΑΙ
    ΕΤΑΙΡΩΙ · ΤΟΥ
    ΠΑΝΤΟΣ · ΒΙΟΥ
```

Lettres liées : l. 7, ɴ et ᴛ.

..... Παρδαλᾷ εὐσεβεῖ βιώσαντι ἔτεσι λ´, συσκήνῳ καὶ ἑταίρῳ τοῦ παντὸς βίου.

Plusieurs inscriptions grecques et un texte de Plutarque (4) ont déjà fait connaître le nom de Παρδαλας.

(1) Cagnat, 2ᵉ rapport, p. 57. — *Ephem.* vol. v, p. 367.
(2) Peut-être aujourd'hui au musée de Tunis.
(3) *Bull. épigr.*, t. ɪɪɪ, p. 38.
(4) *Præcepta ger. reip.* 17.

55. — Dans les jardins du Kef, lettres de 0 m. 055 (1) :

MATRI
DEVM
MAGNAE
SACRVM

Matri deum magnae sacrum.

Le culte de Cybèle, pratiqué surtout en Phrygie, en Galatie et en Grèce, s'introduisit à Rome à l'époque des guerres puniques.

56. — Dans une maison appartenant à Si Allela; lettres de 0 m. 055 :

. L
. . . . AM
. ADREMV
LIBERALIT
STATVAM

57. — Place Logerot, près du Hammam; lettres de 0 m. 09 :

RTvTi

..... vi]rtuti (?)

58. — In summo monte qui dicitur Dj.-el-Mezareg, qui ubi-nam sit ignorans Siccensibus titulum attribui (2) :

IOVI
OPTIMO ' MA
XIMO CAPIT
M ' SEIVS SALV
VS ' FECIT

Jovi optimo maximo Capit(olino). M(arcus) Seius salvus fecit.

Cette dédicace au Jupiter Capitolin est curieuse à plus d'un d'un titre.

59. — A l'Henchir-el-Guelât :

OVS

60. —

Quod felicissiMORVM INVICTISSIMORVMQ ' PRICIPVM CVM TOTIVS ORbis romani tum Africae nostrae. . . . . praecipua CVRA INLVSTRI PROVISIONI PRAECEPIT ORNARI SE. . . . . . (3).

(1) Cagnat, 2ᵉ rap., p. 56. — Ephém., vol. v, p. 364.
(2) Schmidt, Ephem., vol. v, p. 364. — Cagnat, 2ᵉ rap., p. 150.
(3) Bull. épigr., t, III, p. 190. — Ephem., vol. v, p. 365.

..... quod felicissi]morum invictissimorumq(ue) principum cum totius or[bis romani tum Africae nostrae..... praecipua c]ura inlustri provisioni praecipit ornari se.....

61. —

1.   O   IEV   SII   III   *liciniam seve*
RAM FILIAM LICINI PATERNI SPLENDIDI ET *laudabi*
LIS VIRI HODIERNA DIE DEFVNCTAM ESSE QVID ET A QVI*BVS*
IN MEMORIAM EIVS HONORVM IN PARENTVM IPSIVS *con*
5. SOLATIONEM FIERI PLACERET   L CALPVRNIVS *Ma*
XIMVS ALBINVS SENTENTIAM INTERROGATVS CENSVIT IN *ver*
BA INFRA SCRIPTA CVM LICINI PATERNI VIRI DE PRIMORI*BVS*
NOSTRIS ET VITAE MODERATIO ET MORVM MAXIMVM AC PRACTI*C*
VM TESTIMONIVM IN FOVENDIS ETIAM REIPVB ' NOSTRAE OPIBVS NON
10. MODICA DOCV*MENTA* E*Micent* pa*rENTVM* QVOQVE AC MAIORVM
IPSIVS *etiAM* IN *A*edi*ficandis* EXCOLENDISQ MOENIBVS NOSTRISQVE
IN SVSTINENDIS ALENDISQ ' CIVIBVS EGREGIA ATQ EXIMIA LIBERALITA*S*
ENITEAT AC PER *hoc* TAMETSI INGENTIS AC MAXIMI LVCTVS EIVS
PATERNI MINIMA SINT APVT EVM NOSTRA SOLACIA TAMEN AD LENIENDO*S*
15. CONPESCENDOSQ ' *doloris* iMPETVS ET AD HONORANDAM ETIAM
PVELLAE RVDIMATVRAE MEMORIAM CVM *casy* TRIS*ti* a*BRAptae* e*XEquio*
EIVS DE PVBL EROGANDO STATVAM *in loco civitalis* PVLCHERRIMO *atque*
CELEBERRIMO PVBL PEC ET IDEM LICINIAE SEVERAE CONSTITVENDAM *ut*
PIETATIS ORDINIS NOSTRI ERGA PATERNVM ADFECTIO PERPETVO *sit*
20.   CONTESTATA
           d   D   (1)

A l'exception de la première ligne, la lecture de ce texte ne présente aucune difficulté.

62. — Dans une kouba située au nord du Kef, à un kilomètre environ de la ville (2).

NVMIDARVM ' PRIMA ' MVLIERVM
PLANCINA ' GENERE ' REGIO
BONA ' MATER ' BONA ' CONIVNX '
HIC ' SVM ' SEPVLTA ' MVLTIS '
*l*ACRIMIS ' MEORVM ' AMARIS '

(1) Cagnat, 2e rap., p. 58. — *Ephem.*, vol. v, p. 368.
(2) Cagnat, 2e rap., p. 151. — *Ephemeris*, vol. v, p. 370.

```
MATRONA · HONESTA · PRAETER · ALIAS · FEMINAS
HIC · SVM · SEPVLTA · EXORTA · GENERE · REGIO
TER · DENOS · ANNOS · ET · TER · TERNOS · FVNCTA · CVRA
BONARVM · FEMINARVM · Q · ARRVNTIVS MAS · Fil
```

Numidarum prima mulierum,
Plancina genere regio,
Bona mater, bona coniux,
Hic sum sepulta multis
[L]acrimis meorum amaris.
Matrona honesta praeter alias femina[s]
Hic sum sepulta exorta genere regio;
Ter denos annos et ter ternos functa cura
Bonarum feminarum. Q. Arruntius Mas..... f(ilius).

CHAPITRE II.

Inscriptions milliaires.

63. —
```
        D   N   D
       FL   CLAV
      DIO IVLIANO
      P · F · SEMP ·
       A V G · (1)
```

D(omino) n(ostro) Fl(avio) Claudio Juliano, p(io) f(elici), semp(er)
Aug(usto).

On sait que Fl. Claudius Julianus, plus connu sous le nom
de Julien l'Apostat. était le petit-fils de Constance Chlore et de
Théodora, fille adoptive de Maximien. Il reçut de Constance II
le titre de César et vint gouverner les Gaules en 335 (2). Usurpateur en 360, seul maître de l'empire en 361, Julien fut blessé
mortellement dans un combat et mourut en 363.

Il est difficile d'expliquer à la première ligne de notre texte,
l'itération de la lettre D.

(1) *Bull. épigr.*, t. III, p. 189. — *Ephemeris*, vol. v, p. 497.
(2) Julien habita à Paris l'hôtel des Thermes, dont les ruines ont été réunies
en 1813 au musée de Cluny.

64. —

D N

FL CLAV

DIO ɪⱴ*liano*

p · f · semp ·

aug · (1)

Ce milliaire, identique au précédent, se trouvait au musée du Kef; il doit être sans doute aujourd'hui au musée de Tunis où ont été transportés les objets réunis par les officiers de la garnison.

65. —

PACATISSI*mo*

L DOMITIO

A V R E

LIANO PIO

FELICI AVG

NOSTRO

C X V

Pacatissi[mo] L(ucio) Domitio Aureliano, pio, felici, Aug(usto) nostro. (Millia passuum) cvx.

Né en 212, consul en 258, empereur en 270, assassiné en 275, Domitien était le fils d'un paysan de Pannonie.

66. —

PACATISSIMO

IMP CAES M

CLAVDIO

TACITO PIO

FELICI AVG

NOSTRO

CXVI ·

Pacatissimo imp(eratori) Caes(ari) M(arco) Claudio Tacito pio, felici, Aug(usto) nostro. (Millia passuum) cxvi.

D'autres milliaires de la même voie donnent à Tacite le titre de *conservator urbis* (2).

Sur les bords de l'oued bou Djerida, une heure avant d'arriver au Kef, il existe un milliaire absolument semblable à celui qui nous occupe, mais il porte le chiffre *cxvii.*

(1) Cagnat, 2ᵉ rap., p. 57. — *Ephemeris*, vol. v, p. 497.
(2) Cf. *Bull. tr. des ant. afric.*, fasc. xɪɪɪ, p. 176.

67. —
```
        PERPETVO
        L.· DOMITIO
        AVRELIANO
        PIO FELICE
        INVICTO
        AVG·NOSTRO
        ‾‾‾‾‾‾‾
        CXXI
```

Perpetuo L(ucio) Domitio Aureliano, pio, felice, invicto, Aug(usto) nostro. (Millia passuum) cxxi.

68. —
```
        IMP CAES·
        . . . T . . .
        . . . . . . .
        . . . . . . .
        FELICE AVG
        nostro
        CX.....
```

69. — Sur la route de Souk-Arrhas, à 2 kilomètres du Kef (1) :
```
        . . . . . . .
        auRELIO
        imperATORI
        trib· POT PP.
        COS...
        . . . . . . .
```

70. — Au même endroit (2) :
```
        D   N
        MAGN·
        O DECEN
        TIO CESAR
        P·F·SEMPER
        aug· Nostro
        CX...
```

D(omino) n(ostro) Magno Decentio C(a)esar(i) p(io) f(elici) semper [Aug(usto)] n[ostro] [millia passuum] cx...

(1) *Bull. des antiq. afric.*, 4ᵉ fasc., p. 259, et 13ᵉ fasc., p. 183.
(2) *Bull. des antiq. afric.*, 3ᵉ fasc., p. 217.

Décence fut nommé César en 352 et se tua un an après. La borne milliaire du Kef est la seconde qui mentionne en Afrique le nom de l'usurpateur. Sur l'autre milliaire qui a été trouvé à Tebessa, Décence figure à côté du véritable empereur (1).

71. —

DD   NN

*fl*AVIO VALERIO

COSTANTIO

et galerio valerio.

maximiano

nobb · caess ·

CX...

D(ominis) n(ostris) [Fl]avio Valerio Co(n)stantio [et Galerio Valerio Maximiano nob(ilissimis) caes(aribus) (millia passuum)] cx...

CHAPITRE III.

Inscriptions tumulaires.

1° Epitaphes chrétiennes.

72. — Dans la cour de la mosquée de Bab-el-Cherfline; lettres de 0 m. 12 :

BONIFA

FIDELIS

IN PA

CE

Bonifa[tius?], fidelis in pace.

73. — Au même endroit; lettres de 0 m. 06.

COLONICA

IN PACE

FILIO CYRIVSE

ET NEPOTESE

(1) *Corpus*, n° 10169.

74. — Sur deux fragments de marbre; lettres de 0 m. 12 (1).

AEMILIAN | | RAVIRGO
V IN PACE | *vixi* | TANNIS LX

Aemilia.....

75. —

```
            ÷
. . . . A IN PACE
. . . . . MS . . . .
. . . . . . . . . . .
. . . . . . . . . .
SPES IN . . . . .
```

76. —

```
        D
        ┬
     DICTO
      RIA
    IN PACE
   ANIS XLV (2)
```

Victoria in pace, (vixit) annis xlv.

77. —

```
. . . . . DE . . . .
. . . V . . . . . . .
. . . . . . . . . . .
. . . . . . O . . . .
SCRI  RÉQVI
ESCVNT  RE     .
QVIE . . . . . +
```

78. — A Ksar-er-Ghoul; lettres de 0 m. 03.

```
         FI
         IN
```

..... fi[delis?] in [pace?].....

79. —

```
┌────────────────────┐
│ + MVLTOS  ANOS      │
│                     │
│      ⊗              │
│                     │
│ -|- BI    + BAT     │ (3)
└────────────────────┘
```

Multos an(nos) vivat!

(1) *Corpus*, nº 1768.
(2) *Corpus*, nº 1769.
(3) *Bull. des antiq. afric.*, fasc. 8, p. 218.

80. — Dans la cour de la mosquée de Bab-el-Cherfline;
lettres de 0 m. 07.

```
LILIOSA F LELI.....
DMF      MORI.....
FVI      IN
PACE ANNIS..... de
POSITa SVb.....
```

Comme les quelques textes que nous venons de citer sont
les seules épitaphes chrétiennes qui ont été rencontrées au Kef,
il est à présumer que le cimetière chrétien des premiers siècles
n'a pas encore été découvert. Nous savons cependant que *Sicca*
devint de bonne heure le siège d'un évêché où Arnobe enseig-
na la philosophie. Il est possible d'admettre que les fidèles du
Christ enterraient leurs morts sans placer sur leurs tombes des
signes religieux pouvant attirer l'attention des païens, cependant nous sommes convaincu qu'il n'en a pas été toujours ainsi,
et si nous remarquons que toutes les inscriptions que nous
venons de signaler proviennent des environs de Bab-el-Cherfline,
il nous paraît vraisemblable de dire qu'il faut chercher en cet
endroit l'ancienne nécropole chrétienne du Kef.

2° Epitaphes relatives à des soldats.

Indépendamment de l'inscription citée plus haut sous le n° 4
et relative au centurion Victor, il a été découvert au Kef trois
textes se rapportant à des soldats.

81. — Au cimetière juif, sur un cippe élégant.

```
C  IVTVS
RIXVLA VE
TERANVS
LEGXGE
MINAE PI
VS VIXIT
ANNIS
LXII
HSE
```

C(aius) Julius Rixula, veteranus leg ionis) x Geminae, pius, vixit
annis lxx. H(ic) s(itus) e(st).

M. Cagnat pense qu'il existe une erreur du lapicide à la première ligne et propose de lire *C. Julius*.

Le vétéran dont il est question faisait partie de la 10ᵉ légion,
appelée Gemina. Il fallait deux légions pour former une armée
consulaire, et chaque légion comprenait de cinq à six mille
soldats pesamment armés et choisis parmi les citoyens romains.
Nous avons vu plus haut que Marius fut le premier consul qui
rendit les légions accessibles à tous. L'effectif de la légion était
porté de dix à douze mille hommes par l'adjonction d'un corps
d'auxiliaires et de trois cents cavaliers. Chaque légion comprenait dix cohortes, la cohorte se subdivisait en quatre mani-
pules. On pourrait, jusqu'à un certain point, établir entre
l'armée romaine et l'armée française l'assez remarquable analogie que voici :

> *Légion* correspondant à une *division*.
> *Cohorte* — à un *bataillon*.
> *Manipule* — à une *compagnie*.

L'armée consulaire possédait à peu près l'effectif, en infanterie, d'un corps d'armée, abstraction faite des divers services.

82. — Dans une maison appartenant à el-Hadj-el-Arbi (1):

> C
> ANNIVS LF QV
> FIDELIS MILLE*g*
> III AVG
> MILITAVIT VII
> VIXIT ANN LXX
> H   S   E

C(aius) Annius, L(ucii) f(ilius), Qu(irina) (tribu), Fidelis, mil(es)
le(gionis) iii Aug(ustae), militavit (annis) vii, vixit ann(is) lxx. H(ic)
s(itus) e(st).

Le soldat légionnaire dont il est question resta sous les armes
pendant sept ans et dut sans doute se fixer à Sicca en quittant
l'armée, puisqu'il y mourut à un âge qui ne permet pas de
supposer qu'il fît encore partie de la 3ᵉ légion.

M. Mommsen propose les corrections suivantes :

L. Annius, L. f. Qu[ir], Fidelis, mil. le[g] iii Augus[tae] Vin[a] etc.

(1) *Bull. épigr.*, t. III, p. 231. — *Ephemeris*, vol. v, p. 363. — *Corpus*,
nº 1642.

83. — Découverte sur un mamelon, près du marabout de
Si-Ahmed-Cheriff; aujourd'hui perdue (1); lettres de 0 m. 015.

```
        D   M   S
        L  SOMMI
        VS DATVS
        MIL  COH
        I VRB PV
        A  XXXI
        H  S  E
```

D(iis) m(anibus) s(acrum). L(ucius) Sommius Datus, mil(es) co-
h(ortis) primae Urb(anae), p(ius) v(ixit) a(nnis) xxxi. H(ic) s(itus) e(st).

Les cohortes urbaines avaient été créées à Rome par Auguste.
Leur service consistait à aider les cohortes prétoriennes pour
la sûreté de la ville et la garde de l'empereur. Il y avait trois
cohortes urbaines et neuf cohortes prétoriennes. Vespasien en
arrivant à l'empire créa une dixième cohorte prétorienne et
porta à cinq le nombre des cohortes urbaines. Ces derniers
chiffres ne furent jamais dépassés, mais il y a lieu de remarquer
que les cohortes urbaines créées sous Auguste n'avaient pas
reçu de numérotage spécial. La première portait le numéro 10
dans l'ordre des cohortes, et plus tard, sous Vespasien, le numérotage n'ayant pas changé, il y eut ainsi une cohorte urbaine et
une cohorte prétorienne portant le même numéro. C'est à cette
cohorte urbaine qu'appartenait Sommius Datus.

3° Epitaphes païennes relatives à des prêtres.

·84. — Près de la Djemmaa de Sidi Hamza, dans la maison de
Sidi Ali ben Taïeb; lettres de 0 m. 05 aux deux premières
lignes, 0 m. 055 aux suivantes.

```
      ........ VIRO
      V... C... P...
      L. FLAVIVS
      SALVINI
      NVS SACER
      DOS V........
```

..... L(ucius) Flavius Salvininus, sacerdos, v[ixit annis...?]

(1) Nous avons appris par une lettre particulière que le cippe avait été
taillé par les ouvriers d'un entrepreneur chargé de modifier le tracé des
routes partant de Sicca. Les actes de vandalisme de cette nature sont
nombreux en Tunisie.

Le mot sacerdos était le terme général sous lequel on comprenait les prêtres des deux sexes. L'augur, le pontifex, le flamen, l'haruspex, etc... étaient des *sacerdotes*.

85. — Au cimetière juif, sur un cippe; lettres de 0 m. 04.

D M S	D M S
Q VALERIVS	Q ' VALERIVS
Q F QVIR	SEVERVS
HILARIANVS	PLATIENSIS
PIVS	SACERDOS
FLAMEN	MATRIS MA
VIX ANN	GNAE PIVS
XVIII MIII	VIX ANNIS
DXIII	LV H S E
H S E	

D(iis) m(anibus) s(acrum). Q(uintus) Valerius, Q(uinti) f(ilius), Quir(ina tribu), Hilarianus, pius, flamen, vix(it) ann(is) xviii, m(ensibus) iii, d(iebus) xiii. H(ic) s(itus) e(st).

D(iis) m(anibus) s(acrum). Q(uintus) Valerius Severus, Platiensis, sacerdos Matris Magnae, pius vix(it) annis lv. H(ic) s(itus) e(st).

86. — Au cimetière juif; lettres de 0 m. 03.

```
        C ANTONIVS
        M F QVIRINA
        FLAMINALIS
         VIX AN
            L
```

Lettres liées : l. 2, R et I.

C(aius) Antonius, M(arci) f(ilius), Quirina (tribu), flaminalis, vix(it), an(nis) l.

· 4° Epitaphes païennes.

87. —
```
        L AEDINIVS
        L F Q SATVR
        NINVS V ' A '
        LXIII ' H S E (1)
```

(1) *Corpus*, n° 1655.

L(ucius) Aedinius, L(ucii) f(ilius), Q(uirina tribu), Saturninus v(ixit) a(nnis) lxiii. H(ic) s(itus) e(st).

Le *Corpus* écrit : lxxiii.

88. — Au cimetière juif:

```
M AELIVS Q
F DATVS
PIVS VIXIT
ANN XXXIX
H S E
```

M(arcus) Aelius, Q(uinti) f(ilius), Datus, pius vixit ann(is) xxxix. H(ic) s(itus) e(st).

M. Cagnat cite ce texte dans le premier fascicule de ses *Explorations* (p. 41), mais il ajoute un F à la 1re ligne, écrit : *annis xxxx*, et omet la 5e ligne.

89. —
```
AELIVS MARTI
VS VIX AN
NIS XXX
H S E (1)
```
Aelius Martius, vix(it) annis xxx. H(ic) s(itus) e(st).

90. —
```
D M S
AEMILIA b
ERECTIIIna
PIA VIXIT
ANNIS
LXXXI
H S E (2)
```
D(iis) m(anibus) s(acrum). Aemilia [B]erecthi[na], pia vixit annis lxxxi. H(ic) s(ita) e(st).

91. —

D M S	D M S
AEMILIA	CAEMi
ARCIPIO	LIVS...
LEMI VIXIT	VSCI...
ANNIS LI	VIXit
H S E	ANnis
	LV

(1) *Bull. épigr.* t. iii, p. 235.
(2) *Corpus*, no 1662. — Guérin, t. ii, p. 66.

D(iis) m(anibus) s(acrum). Aemilia..... vixit annis li. H(ic) s(ita) e(st).

D(iis) m(anibus) s(acrum). C(aius) Aem[i]lius [...] usci [...] vix[it] an[nis] lv.....

92. —

```
        D   M   S
        AEMILIA
        BASSVLA
        VIX AN
        NIS XXI (1)
```

D(iis) m(anibus) s(acrum) Aemilia Bassula, vix(it) annis xxi.

93. —

```
        D   M   S
        AEMILIA
        DONATA
        VIXIT AN LXXV
        H   S   E (2)
```

D(iis) m(anibus) s(acrum). Aemilia Donata, vixit an(nis) lxxv. H(ic) s(ita) e(st).

94. —

Illisible.

```
        D   M   S
        aeMILIA
        bERecthina
        PIA VIXIT
        ANNIS
        LXXXI
        H   S   E
        A V I A (3)
```

D(iis) m(anibus) s(acrum). [Ae]milia [B]er[ecthina? p]ia, [v]ixit annis lxxxi. H(ic) s(ita) e(st)........

M. Cagnat donne une ligne effacée après la 7e ligne.

95. —

```
        AEMILIA PERE
        GRINIS FILIA (4)
```

Aemilia, Peregrinis filia..... [vixit annis...]

(1 et 2) *Bull. épigr.*, t. iii, p. 236.
(3) *Bull. épigr.*, t. iii, p. 237. — *Corpus*, n° 1662.
(4) *Bull. épigr.*, t. iii, p. 236.

96. — Lettres de 0 m. 04.

D M S

AEMILIA Q F

FLORA VIXIT

ANNIS XVI

H S E

D(iis) m(anibus) s(acrum). Aemilia, Q(uinti) f(ilia), Flora, vixit annis xvi. H(ic) s(ita) e(st).

97. —

D MA SA

AEMILIA Q'

FILIA GALA VI

ANIS LXXXVII

HIC SEPELITA (*sic*).

D(iis) ma(nibus) sa(crum). Aemilia Q(uinti) filia, Gala, v(ixit) a(n)nis lxxxvii. H(ic) sepelita (mis pour sepulta).

98. — Près de la zaouïa de Sidi Menzel; lettres de 0 m. 05.

D M S

AeMILIA

IANVARI

A VICSIT AN

NIS LXXX

H E S

D(iis) m(anibus) s(acrum). A[e]milia Januaria, vic[s]it annis lxxx. H(ic) e(st) s(ita).

M. Cagnat cite ce texte dans son rapport et écrit *annis xx* à la 5ᵉ ligne.

99. —

L AEMILIVS

QVIR .... NVS

VIX AN

. . . . . . (1)

L(ucius) Aemilius, Quir(ina tribu), [Or]nus? vix(it) an(nis).....

100. —

L AEMILIVS ADIV

TOR AN VIX..... (2)

L(ucius), Aemilius adjutor, An(iensi tribu) vix(it) [annis].....

(1 et 2) *Bull. épigr.*, t. m, p. 235.

101. —
```
          D M S
       AEMILIVS
       DONATVS
     VIXIT · AN · XXX
       H · S · E · (1)
```

D(iis) m(anibus) s(acrum). Aemilius Donatus, vixit an(nis) xxx.
H(ic) s(itus) e(st).

102. — Lettres de 0 m. 04.

```
       C AEMILIVS
       ROGATVS
       VIX AN XXV
```

C(aius) Aemilius Rogatus, vix(it) an(nis) xxv.

103. — Au cimetière juif ; lettres de 0 m. 05 (2).

D M S	
STATIA	C · AEMILI
SABINA	VS · ATHO
PIA	PIVS
VIXIT	VIXIT
ANNIS	ANNIS
LXXVIIII	LXXXV
H S E	H S E

D(iis) m(anibus) s(acrum). Statia Sabina pia vixit annis lxxviiii.
H(ic) s(ita) e(st).
C(aius) Aemilius Atho, pius vixit annis lxxxv. H(ic) s(itus) e(st).

104. — Trouvée près de Bab-el-Cherfiine ; transportée probablement au musée de Tunis ; lettres de 0 m. 035.

```
        D M   S
       C  AEMILIVS
       F R O N T O
       VIXIT ANNIS
       L X X X I
```

D(iis) m(anibus) s(acrum). C(aius) Aemilius Fronto, vixit annis
lxxxi.

(1) *Corpus*, n° 1658.
(2) *Corpus*, n° 1657.

4

105. — Lettres de 0 m. 032 ; probablement aussi à Tunis ; se lisait sur un pavé du Dar-el-Bey :

AEMILIVS
GEMNVS
PRIMVS
VIX AN LXXXII

Aemilius Gem(i)nus, Primus vix(it) an(nis) lxxxii.

Il n'y a pas de lettres doublées à la 2ᵉ ligne, il est probable que le lapicide a omis la lettre ɪ.

106. —
A EMILIVS
F QVI OPTA
TVS V AN
XX II · S · E (1)

Aemilius f(ilius), Qui(rina) (tribu), Optatus, v(ixit) ann(is) xx. H(ic) s(itus) e(st).

107. — A Ksar-er-Ghoul :

L AEMILIUs
OPTATVS
VIX A XL
II S E

L(ucius) Aemili[us] Optatus, vix(it) a(nnis) xl. H(ic) s(itus) e(st).

108. —
L AEMILIVS
PVDENS
V AN LXX
PIVS II S E (2)

L(ucius) Aemilius Pudens, v(ixit) an(nis) lxx, pius. H(ic) s(itus) e(st).

109. —
D M S
ᴀEMILIA Q F
QVINTILIA P
ɪA VIXIT ANN
LXXX II S E (3)

(1) *Bull. épigr.*, t. ɪɪɪ, p. 235.
(2 et 3) *Bull. épigr.*, t. ɪɪɪ, p. 236.

D(iis) m(anibus) s(acrum). [A]emilia, Q(uinti) f(ilia), Quintilia p[i]a, vixit ann(is) lxxx. H(ic) s(ita) e(st).

M. Cagnat propose de lire à la 3ᵉ ligne : *Juventilla*.

110. —

```
        D   M   S
        AEMILIus
        C V D V
        A V S  VI
        CXIT aN
        NIS XXX (1)
```

D(iis) m(anibus) s(acrum). Aemili[us] Cudulus, vixit [a]nnis xxx.

111. — Dans la maison de Sidi el Hadj Younés ; lettres de 0 m. 03.

```
        D   M   S
        AEMILIA
        MA..... VI
        XIT Annis
        XXXX H s e
```

D(iis) m(anibus) s(acrum). Aemilia Ma[xima?] vixit a[nnis] xxxx. H(ic) [s(ita) e(st)].

112. — Route de Souck-Arrhas, au-delà des abreuvoirs ; lettres de 0 m. 06.

```
        T LARGIVS
        NVMIDICVS
        VIXIT ANN
        LVII H S E
```

T(itus) Largius Numidicus, vixit ann(is) lvii. H(ic) s(itus) e(st).

113. —

d m s	D M S
. . . .	A G R I A
. . . .	DOMITIL
. . . .	LA VIXIT
VIXIT	ANNIS
annis.....	XXXV
H S E	H S E (2)

(1) *Bull. épigr.*, t. III, p. 235.
(2) *Bull. épigr.*, t. III, p. 237.

D(iis) m(anibus) s(acrum)..... ..... vixit annis..... H(ic) s(itus) e(st).

D(iis) m(anibus) s(acrum). Agria Domitilla, vixit annis xxxv. H(ic) s(ita) e(st).

114. —

D M S	D M S
STATIVS	AGRIVS *ia*
LVPERCVS	NVARIANVS
VIXIT	SANCTISSI
ANNIS	MVS ADVLES
XLIII	CENS VIXIT
H S E	ANNIS XVIII
	H S E (1)

D(iis) m(anibus) s(acrum). Statius Lupercus vixit annis xliii. H(ic) s(itus) e(st).

D(iis) m(anibus) s(acrum). Agrius [Ja]nuarianus Sanctissimus adulescens vixit annis xviii. H(ic) s(itus) e(st).

115. —

D M S	D M S
ANIA	C LICI
SALVI	NIVS
A VI A C	MVSTV
I	S VIX A
	NIS LXXX

D(iis) m(anibus) s(acrum). An(n)ia Salvia, v(ixit) a(nnis) ci.

D(iis) m(anibus) s(acrum). C(aius) Licinius, Mustus, vix(it) an(n)is lxxx.

Peut-être faut-il lire *Fania* à la 2ᵉ ligne de la première inscription.

116. —

D M S
Q ANINIVS •
OLIMPVS VIX
AN XXIX H S E (2)

D(iis) m(anibus) s(acrum). Q(uintus) Aninius Olimpus, vix(it) an(nis) xxix. H(ic) s(itus) e(st).

(1) Guérin, t. II, p. 67. — *Corpus*, n° 1663.
(2) *Bull. épigr.*, t. III, p. 237.

117. —

D M S	D M S
ANNIA	C O R
FAVSTA	NELI
S V S O	VS PI
VIXIT AN	VS VI
C I	XIT AN
H S E	CX
	H S E

D(iis) m(anibus) s(acrum). Annia Fausta Suso vixit an(nis) ci. H(ic) s(ita) e(st).

D(iis) m(anibus) s(acrum). Cornelius pius, vixit an(nis) cx. H(ic) s(itus) e(st).

118. — A Ksar-er-Ghoul; lettres de 0 m. 04 (1).

D M S
ANNIA · SEX ·
FIL · SATVRNI
NA · PIA · VIXIT
ANNIS · LXV
H · S · E ·

D(iis) m(anibus) s(acrum). Annia, Sex(ti) fil(ia), Saturnina pia vixit annis lxv. H(ic) s(ita) e(st).

119. — Au musée; provenance inconnue.

ANTONIA
BIILLOS VIX
A N X I
H S E

Antonia Bellos(a?) vix(it) an(nis) xi. H(ic) s(ita) e(st).

120. —

ANTONIA IVL
IA PIA VIXIT
ANN LXXII
H S E

Antonia Julia pia vixit ann(is) lxxii. H(ic) s(ita) e(st).

(1) *Corpus*, n° 1665.

121. —

D M S
ANIA SA
TVRNina... (1)

D(iis) m(anibus) s(acrum). A(n)nia Saturn[ina].....

122. —

D M S	D M S
ANTO	C CANI
NIA	NIVS
ROGA	/VSCVS
TA PIA	PIVS VI
VIXIT	XIT AN
ANNIS	NIS
LXVII	LXXI
H· S· E	H· S· E (2)

D(iis) m(anibus) s(acrum). Antonia Rogata pia vixit annis lxvii.
H(ic) s(ita) e(st).

D(iis) m(anibus) s(acrum). C(aius) Caninius [F]uscu[s] pius v[i]xit
annis lxxi. H(ic) s(itus) e(st).

123. —

D M S	D M S
LVNV	ANTO
LIA V F	NII MA
VIXIT	ZIX ET (*sic*)
ANNIS	IVNIOR
LXXX	VIXER
H· s· e	ANNIS
	LXX
	ET FIL M (*sic*)
	NIS VIII
	H·͵S· s (3)

D(iis) m(anibus) s(acrum). Lunulia, V(ibii) f(ilia), vixit annis lxxx.
H(ic) [s(ita) e(st)].

D(iis) m(anibus) s(acrum). Anton[ii ?]..... et junior, vixer(unt)
annis lxx et filius [an]nis viii..... H(ic) s(iti) [s(unt)].

(1) *Bull. épigr.*, t. III, p. 238.
(2) *Bull. épigr.*, t. III, p. 240.
(3) *Bull. épigr.*, t. III. p. 238.

124. — Dans une cour (1).

D	M	S

M · ANTONI   ANTONIA
VS DF TVRBO   RVFINA P
ROMA DEFV   F VIXIT AN
NCTVS IN MAV   NIS · LXXVI
SOLEO SVO SEPV   D I E B V S
LTVS AT VATICA   XXI· II· S· E
N V M V I X I T
A N N I S L X V

D(iis) m(anibus) s(acrum).

M(arcus) Antonius, D(ecimi) f(ilius). turbo Roma defunctus, in mausoleo suo sepultus at Vaticanum, vixit annis lxv.

Antonia Rufina, P(ublii), f(ilia), vixit annis lxxvi, diebus xxi. H(ic) s(ita) e(st).

125. —

DIS MAN SAC
M ANTONIVS
L F QVIR PVBLI
COLA PIVS V A XXV (2)

Di(i)s man(ibus) sac(rum). M(arcus) Antonius, L(ucii) f(ilius), Quir(ina tribu), Publicola pius v(ixit) a(nnis) xxv.

126. —

C ANTONI
C F IVLIVS VIX
A LXXXIII
H · S · E

C(aius) Antoni[us?], C(aii) f(ilius), Julius, vix(it) a(nnis) lxxxiii. H(ic) s(itus) e(st).

127. — Au cimetière juif (3).

C ANTONI QVIR
CHVINIS VIX
AN LXXXIII
H S EST

C(aius) Antoni[us?] Quir(ina tribu), Chuinis, vix(it) an(nis) lxxxiii. H(ic) s(itus) est.

(1) *Ephemer.*, vol. v, p. 369.
(2) *Bull. épigr.*, t. iii, p. 238.
(3) Cagnat, 1er rap. p. 40.

128. — Au cimetière juif (1).

```
        D ANTO
        NIVS BAE
        BIANVS
        VIX AN
        NIS XVIII
        H · S · E
```

D(ecimus) Antonius Baebianus vix(it) annis xviii. H(ic) s(itus) e(st).

129. — Au cimetière juif, sur un cippe brisé à droite; lettres de 0 m. 05 (2).

```
        D  M  S
        Q ANTON|ius
        FORTVNAT|us
        FLORIANV|s
        PIVS VI|xit
        ANN XXX|.....
        H S E
```

D(iis) m(anibus) s(acrum). Q(uintus) Anton[ius], Fortunat[us] Florianu[s] pius vi[xit] ann(is) xxx... H(ic) s(itus) e(st).

Le texte était complet lorsque M. Guérin visita la Tunisie, en 1860. Le cippe a actuellement 1 m. 42 de haut sur 0 m. 37 de large.

130. —
```
        D  M  S
        Q ANTONI
        VICTOR VS (sic)
        VIXIT ANNIS
        XXXXX III (sic)
        H  S  E (3)
```

D(iis) m(anibus) s(acrum). Q(uintus) Antonius Victor vixit annis liii. H(ic) s(itus) e(st).

131. —
```
        C ANVS
        VIXIT
        ANNIS
        XXXV
        H · S · E
```

C(aius) Anus vixit annis xxxv. H(ic) s(itus) e(st).

---

(1) Guérin, t. II, p. 70. — *Corpus*, n° 1667.
(2) Guérin, t. II, p. 67. — *Corpus*, n° 1670.
(3) Guérin, t. II, p. 69. — *Corpus*, n° 1673.

132. — Cippe de 0 m. 60 de haut sur 0 m. 30 de large; lettres de 0 m. 025 (1).

D · M · S

APPIA · GALLA

LVPI · FILIA

PIA · VIX · AN

NIS · XII · H · S · E·

D(iis) m(anibus) s(acrum). Appia Galla, Lupi filia, pia, vix(it) annis xii. H(ic) s(ita) e(st).

133. —

APPIA MA·

XIMA V · A·

LXXVII H S E (2).

Appia Maxima v(ixit) a(nnis) lxxvii. H(ic) s(ita) e(st).

134. — Dans la tour de la casbah, sur une dalle; lettres de 0 m. 06, dans un cartouche de 0 m. 38 de côté. La pierre a 0 m. 52 de haut sur 0 m. 45 de large (3).

CAPRILIA

ANVLLA

PIA VIXIT

ANNIS

XXVIII

H S E

Caprilia Anulla pia vixit annis xxviii. H(ic) s(ita) e(st).

135. —

APVLEIA

L F FELICI (4)

Apuleia, L(ucii) f(ilia), Felici[niana (?) ....

Cette inscription, que nous n'avons pas rencontrée, n'est autre sans doute que la suivante incomplètement copiée et gravée sur un cippe situé près des ruines du théâtre romain.

(1) *Corpus*, n° 1674.
(2) *Bull. épigr.*, t. iii, p. 238.
(3) Cagnat, 1er rap., p. 38 (copie différente).
(4) *Bull. ant. afric.*, p. 290. — *Bull. épigr.*, t. iii, p. 239.

136. —

D M S

APVLEIA

L F FELICI

NIANA

PIA AM

MAEDA

RENSIS

VIX ANN

XXV M VI

D(iis) m(anibus) s(acrum). Apuleia, L(ucii) f(ilia), Feliciniana pia Ammaedarensis vix(it) ann(is) xxv, m(ensibus) vi.

A la base du cippe on lit :

HAEC EST ...... DOMVS

Haec est [ultima] domus.

Peut-être aussi faut-il lire *aeterna domus* ou tout autre qualificatif analogue.

Ammaedara était une ville de la Byzacène dont les ruines portent aujourd'hui le nom d'Haïdra et se rencontrent près de la frontière algérienne, à 40 kilomètres environ de Tebessa.

137. —

D M S

APVLLIA (1)

Sans doute faut-il lire *Apuleia*.

138. — Au cimetière juif; cippe de 1 m. 25 de haut sur 0 m. 42 de large; lettres de 0 m. 04 (2).

D M S

Q ARRIVS SVRVS

PIVS VIXIT ANNIS

XXXV H S E

D(iis) m(anibus) s(acrum). Q(uintus) Arrius Surus pius vixit annis xxxv. H(ic) s(itus) e(st).

139. —

ATTIA Q FIL

VENVSTA

VIX AN XXXV

H S E

Attia, Q(uinti) fil(ia), Venusta, vix(it) an(nis) xxxv. H(ic) s(ita) e(st).

(1) *Bull. épigr.*, t. III, p. 239.
(2) *Corpus*, n° 1676.

140. —

ASELIA
FABIA
VIXIT
A N
LXXV (1)

Aselia Fabia vixit an(nis) lxxv.

141. — Au cimetière chrétien de Ksar-er-Ghoul ; lettres de
0 m. 06.

D M S
L · AVFID
IVS · VIC ·
TOR · VI
CSIT · ANN
IS · LXXXXI
H S E

D(iis) m(anibus) s(acrum). L(ucius) Aufidius Victor vixit annis
lxxxxi. H(ic) s(itus) e(st).

142. —

D M S
AVRELIA
ROGATA
VIXIT AN
. . . . (2)

D(iis) m(anibus) s(acrum). Aurelia Rogata vixit an(nis).....

143. — Au cimetière juif ; cippe de 1 m. 70 de haut sur
0 m. 41 de large ; lettres de 0 m. 03 (3)

ASELLIA P F PV
BLILIA VIXIT
ANN XXX

Asellia, P(ublii) f(ilia), Publilia vixit ann(is) xxx.

(1) *Corpus*, n° 1677.
(2) *Bull. épigr.*, t. III, p. 239.
(3) *Corpus*, n° 1678.

144. — Lettres de 0 m. 04.

> D M S
> C AVRE
> LIVS NV
> NDIMA
> RIVS V A
> XXI H S E

D(iis) m(anibus) s(acrum). C(aius) Aurelius Nundimarius v(ixit) a(nnis) xxi. H(ic) s(itus) e(st).

La pierre se rencontre dans la maison de Sidi ben Aïd.

145. — A Ksar-er-Ghoul; bloc de 0 m. 44 de large, brisé en haut; hauteur du fragment; 1 m. 15; lettres de 0 m. 035.

> P AVIA VIX
> AN XLIIII H S E

146. — Près de la fontaine romaine; cippe encastré dans l'angle d'une maison. Chaque inscription est entourée d'un cadre ayant 0 m. 60 de haut sur 0 m. 18 de large; lettres de 0 m. 04 (1).

D et i liés	D M S		D M S
	A V I A N I		L AVIANIVS
	A MATIDI		HILARIVS
	A PIA VIXIT		PIVS VIXIT
	ANNIS ·L		ANNIS XII
	H S E		H S E

D(iis) m(anibus) s(acrum). Aviania Matidia pia vixit annis l. H(ic) s(ita) e(st).

D(iis) m(anibus) s(acrum). L(ucius) Avianius Hilarius pius vixit annis xii. H(ic) s(itus) e(st).

147. —

> D M S
> C AVIANI (N et I liés)
> VS AGRI
> COLA PI
> VS VIX AN (A et N liés).
> XV (2)

(1) *Corpus*, n° 1680.
(2) *Bull. épigr.*, t. III, p. 239.

D(iis) m(anibus) s(acrum). C(aius) Avianius Agricola pius , vix(t)
an(nis) xv.

148. —

> AVILIA
> SECVRA
> VIX ANIS
> XXXI (1)

Avil(i)a Secura vix(it) an(n)is xxxi.

149. —

> D M S
> BADVLLIA
> POST.......
> XXXX

D(iis) m(anibus) s(acrum). Badullia Post [uma v(ixit) an(nis)] xxxx.

150. — A l'Henchir el Guetât.

> D M S
> BAIANIVS
> C F OPTATVS
> VIXIT ANIS
> . . . . . .

D(iis) m(anibus) s(acrum). Baianius?, C(aii) f(ilius), Optatus vixit
an(n)is.....

151. — A la chapelle chrétienne de Ksâr-er-Ghoul; dalle
brisée à gauche; dimensions du fragment : 0 m. 48 de haut sur
0 m. 46 de large; lettres de 0 m. 05.

> D M S
> BARBARVS S
> ATVRNINI
> VIXIT ANNIS
> X H S E

D(iis) m(anibus) s(acrum). Barbarus, Saturnini (filius), vixit annis x.
H(ic) s(itus) e(st).

_____

(1) *Bull. épigr.*, t. III, p. 240.

152. — Au musée du Kef; provenance inconnue.

D M S	D M S
FI • BARIBCE	CRISPVS
L I S • SADV	SPVRINA
NIS • FILIV	SILVANV
S • SILVAN	S FEC • VIX
VS • FEC • VIX	A N I S
ANIS LXXXXV	LXXXV
	H S E

D(iis) m(anibus) s(acrum). Fi... Baribcelis (?), Sadunis filius. Silvanus fec(it). Vix(it) an(n)is lxxxxv.

D(iis) m(anibus) s(acrum). Crispus Spurina? Silvanus fec(it). Vix(it) an(n)is lxxxv. H(ic) s(itus) e(st).

153. —

        D M S
        B I A E
        Q F RO
        MVLAE
        VIXIT AN
        NIS XXX (1)

D(iis) m(anibus) s(acrum). [Fa]biae, Q(uinti) f(iliae), Romulae, vixit annis xxx.

154. — Au Coudiet-el-Bomba ; cippe; lettres de 0 m. 05.

        M CAECILIVS
        L F QVIR VINDEX
        P I V S   V I X I T
        A N N I S L X X X I
        H S E

M(arcus) Caecilius, L(ucii) f(ilius), Quir(ina tribu), Vindex, pius, vixit annis lxxxi. H(ic) s(itus) e(st).

L'inscription a 0 m. 78 de haut sur 0 m. 55 de large.

155. — Au cimetière arabe de Sidi bou Menzel; lettres de 0 m. 04 (2).

(1) *Corpus*, n° 1682. — Guérin, t. ii, p. 68.
(2) *Bull. des ant. afric.*, p. 94.

```
D M S
CIILIA          Ce cadre
RVFIL           n'a jamais
LA VIXIT        été rempli.
ANNIS
X X X V
H S B Q
```

D(iis) m(anibus) s(acrum). Caelia Rufilla vixit annis xxxv. H(ic) s(ita). B(ene) q(uiescas).

L'inscription a 0 m. 35 de haut sur 0 m. 17 de large.

156. —
```
CAIIλIID
O N I V S
VI  XIT (sic)
A N N I S
SEPTVA
GINTA
```

Caeledonius vixit annis septuaginta.

157. —
```
D M S
P CECILIVS
TIRO VIX
IT ANIS
XLV
```

D(iis) m(anibus) s(acrum). P(ublius) Cecilius Tiro vixit an(n)is xlv.

158. — Au cimetière juif; lettres de 0 m. 05; pierre de 1 m. 65 de haut sur 0 m. 44 de large (1).

```
P CALICIVS RVFV
LVS PIVS VI
XIT ANNIS
QVADRAGIN
TA QVINQVE
H S E
```

P(ublius) Calicius Rufu(l)us pius vixit annis lxxxv. H(ic) s(itus) e(st).

(1) Corpus, n° 1683.

159. —

D M S
CALPVRN
IVS NAR
SALVS
VIX AN
NIS LXVI

D(iis) m(anibus) s(acrum). Calpurnius Narsalus vix(it) annis lxvi.

160 —

D M S
M CANINIVS
LVCANVS PIVS
VIX ANNIS XLI
H S E (1)

D(iis) m(anibus) s(acrum). M(arcus) Caninius Lucanus pius, [v]ix(it) annis xli. H(ic) s(itus) e(st).

161. — Lettres de 0 m. 06 (2).

CAPRILIA C F
ANVLLA
VIXIT AN
LXXXVIII
H S E

Caprilia, C(aii) f(ilia), Anulla, vixit an(nis) lxxxviii. H(ic) s(ita) e(st).

L'inscription a 0 m. 37 de haut sur 0 m. 42 de large.

162. —

CARCILIA
FORTVNATA
VIX A LXII
H · S · E

Carcilia Fortunata vix(it) a(nnis) lxii. H(ic) s(ita) e(st).

163.

L CARCI
LIVS SA
TVRNI
nus VA
· · · · · ·

L(ucius) Carcilius Saturni[nu]s. V(ixit) a(nnis).....

(1) *Bull. épigr.*, t. iii, p. 240.
(2) *Bull. des ant. afric.*, t. viii, p. 24.

164. — Du côté des jardins, dans les remparts de la ville (1).

D *m* *s*

M CASCELLIVS..... *praefectus*

EQVITVM VIXI*t annis* .....

h. s. e.

165. —

D M S

CASCELLI|*us.....*

VS SAPR |*..... vix*

IT A N |*nis*

XXI H S |*e* (2)

D(iis) m(anibus) s(acrum). Cascelli[us] ..... Sapr..... [vix]it an[nis] xxi. H(ic) s(itus) [e(st)].

Le *Bulletin épigraphique*, n'indiquant pas que la pierre est brisée à droite, donne une lecture incomplète de ce texte.

166. — Dans la rue conduisant de la fontaine romaine à la place Logerot; lettres de 0 m. 05.

D M S

CASSIA

MAX*im*A

VIXIT AN

NIS XXXXV

h · s · e

D(iis) m(anibus) s(acrum). Cassia Max[im]a vixit annis xxxxv. [H(ic) s(ita) e(st)].

La pierre est brisée en bas; le fragment a 0 m. 45 de haut sur 0 m. 40 de large, l'inscription est dans un cadre de 0 m. 32 de large.

167. — Près du mur d'enceinte du jardin de Sidi Allela; lettres de 0 m. 06.

D M S

CASSIVS ORION

PIVS

VIXIT ANNIS XXIII

H S E

(1) Cagnat, 2ᵉ rap., p. 63. — *Éphem.*, vol. v, p. 367.
(2) *Bull. épigr.*, t. III, p. 240.

D(iis) m(anibus) s(acrum). Cassius Orion pius vixit annis xxiii. H(ic s(itus) e(st).

La pierre a été découverte par M. le colonel de Reinach.

168. —

	d m s	D M S
	c a s s I	M CASSIVS
(T et I liés)	VS MARTI	IVLIANVS P
	ANVS PI	IVS VIXIT AN
	VS VIXIT	NIS LXV II S E (1)
	ANNIS	
	XVIIII	
	II S E	

[D(iis) m(anibus) s(acrum).] [Cas]sius Martianus pius vixit annis xviiii. II(ic) s(itus) e(st).

D(iis) m(anibus) s(acrum). M(arcus) Cassius Julianus pius vixit annis lxv. II(ic) s(itus) e(st).

169. —

D M S	D M S	
ORTEN	L CAS	
SIA AN	OAVNA	(A et V liés)
TONIA	C R E S	
VIXIT	CESCE	
AN	VIXIT	
XXI	AN IC II (2)	

D(iis) m(anibus) s(acrum). Ortensia Antonia vixit an(nis) xxi.

D(iis) m(anibus) s(acrum). L(ucius) ..... Crescesce? vixit an(nis) lxxxxviiii. II(ic) [s(itus) e(st)].

170. — Au musée du Kef; fragment de provenance inconnue.

	CASSI *us*	
	VICTOR VI	
(N et I liés)	XIT ANNIS	(Vide)
	LXXXXIII	
	h · *s* · E	

Cassi[us] Victor vixit annis lxxxxiii. [II(ic) s(itus)] e(st).

(1) *Bull. épigr.*, t. III, p. 241.
(2) *Ibid.*, p. 241.

171. —
```
          D M S
        CECILIA
        ROGATA
        VIX AN XL (1)
```
D(iis) m(anibus) s(acrum). Cecilia Rogata vix(it) an(nis) xl.

172. —
```
          D M S
        CESONIVS
        TLDIN VI
        XIT ANIS
          LXXI (2)
```
D(iis) m(anibus) s(acrum). Cesonius T..... vixit an(n)is lxxi.

173. — Lettres de 0 m. 035 de haut.

d M S	D M S
CLODI	C CECILI
A ROMA	VS MVS
NA VIX	T VS VI
SIT AN	XIT ANIS
NIS LXXV	LXXVII
H S E	H S E

[D](iis) m(anibus) s(acrum). Clodia Romana vixsit annis lxxv. H(ic) s(ita) e(st).

D(iis) m(anibus) s(acrum). C(aius) Cecilius Mustus vixit an(n)is lxxvii. H(ic) s(itus) e(st).

174. — Au Dar-el-Oukil, dans la prison du bureau arabe, sur un pilier; lettres de 0 m. 045 (3).

D M S	D M S
FABIA	M CLAV
TERTVL	DIVS
INA *pia*	*fi*RMV
VIXIT	LVS VI
AN LV	XIT AN
H S E	NISXVIII
	H S E

(1) *Bull. épigr.*, t. III, p. 240.
(2) *Ibid.*, p. 241.
(3) *Corpus*, n° 1688.

D(iis) m(anibus) s(acrum). Fabia Tertul(l)ina p[ia] vixit an(nis) lv. H(ic) s(ita) e(st).

D(iis) m(anibus) s(acrum). M(arcus) Claudius [Fi]rmulus vixit annis xviii. H(ic) s(itus) e(st).

Le *Corpus* lit *Fabiae Tertullinae*. Chaque inscription est entourée d'un cadre de 0 m. 55 de haut sur 0 m. 25 de large.

175. — Au cimetière juif; cippe de 1 m. 34 de haut sur 0 m. 34 de large; lettres de 0 m. 03 (1).

TI CLAVDIVS
AESCHINES F
VIXIT ANNIS
XVIII H S E

Ti(berius) Claudius, Aeschines f(ilius), vixit annis xviii. H(ic) s(itus) e(st).

176. —

D M S
M CLELIA
... *quiRINA* PIA
VIXIT ANNIS
..... H S E

D(iis) m(anibus) s(acrum). M(arcia?) Clelia ... [Qui]rina (tribu), pia vixit annis..... H(ic) s(ita) e(st).

177. —

CLODIA ANTONI   (N et I liés)
FILIA QVARITA   (I et L liés)
PIA VIXIT ANNIS
XXXI
H S E

Clodia, Antoni(i) filia, Quarita, pia, vixit anni[s] xxxi. H(ic) s(ita) e(st).

178. —

CLODIA FE
LICITAS BE
REGINA PIA
VIX AN XVII M
VIIII   H S E (2)

(1) *Bull. épigr.*, t. iii, p. 300.
(2) *Ibid*, t. iii, p. 299.

Clodia Felicitas Berec[t]ina pia vix(it) an(nis) xvii m(ensibus) viiii. H(ic) s(ita) e(st).

179. —

> CLODIA
> HELPIS
> VIX AN
> LXXXV H S E

Clodia, Helpis (filia?), vix(it) an(nis) lxxxv. H(ic) s(ita) e(st).

180. — Provenance inconnue; lettres de 0 m. 05. La pierre, brisée en haut, a 0 m. 35 de hauteur sur autant de largeur.

> D M S
> CLODIA
> L E T A
> VIXIT
> ANIS
> XLV

D(iis) m(anibus) s(acrum). Clodia Leta vixit an(n)is xlv.

181. — Au cimetière juif; cippe de 1 m. 20 de haut sur 0 m. 40 de large; lettres de 0 m. 06 (1).

> D M S
> C L O D I A
> SERANA VI
> XIT ANNIS
> LXIII
> H S E

D(iis) m(anibus) s(acrum). Clodia Serana vixit annis lxiii. H(ic) s(ita) e(st).

182. —

> CLODIA L F
> VENVS VIX
> *it annis...*
> *h. s. e.*

Clodia, L(ucii) f(ilia), Venus, vix[it annis.....]

183. —

> D M S
> CLODIVS
> CAL......

D(iis) m(anibus) s(acrum). Clodius .....

(1) *Corpus,* n° 1694.

Peut-être cette inscription n'est-elle autre que celle donnée par le *Corpus* sous le numéro 1690 ?

184. — Dans la cour de la casbah ; cippe hexaèdre utilisé comme borne fontaine ; lettres de 0 m. 04.

```
        D   M   S
      P  CLODIVS
      F A V S T I
      NVS  PIVS
      FRATER FI
      DVS  HOMO
      DIILICISSI
      MVS QVI VI
      TAM  VIXIT
      IVCVNDAM
      ET QVIETAM
      AN XXXVI
        H   s   e
```

D(iis) m(anibus) s(acrum). P(ublius) Clodius Faustinus Pius, frater fidus, homo delicissimus qui vitam vixit iucundam et quietam an(nis) xxxvi. H(ic) s(itus) e(st).

Le cippe a environ 2 m. de haut sur 0 m. 25 de face. Chaque face est ornée d'une guirlande à sa partie supérieure.

185. — Au cimetière juif ; cippe de 1 m. 67 de haut sur 0 m. 45 de large ; lettres de 0 m. 055 (1).

```
        D   M   S
      L  CLODI
      VS  QVIR
      F V S C I
      NVS  VI
      XIT  AN
      NIS  XXXI
        H   S   E
```

D(iis) m(anibus) s(acrum). L(ucius) Clodius, Quir(ina tribu), Fuscinus, vixit annis xxxi. H(ic) s(itus) e(st).

L'inscription est entourée d'un cadre ayant 0 m. 68 de haut sur 0 m. 24 de large.

(1) *Corpus*, n° 1692.

186. — Au Dar-el-Oukil, dans la prison du bureau arabe, sur un pilier; lettres de 0 m. 05.

D M S
Q CLODIVS
M F QVIR
LVCISCVS
PIVS VIXIT
ANNOS .....
. . . . . .

D(iis) m(anibus) s(acrum). Q(uintus) Clodius, M(arci) f(ilius), Quir(ina tribu), Luciscus, pius vixit annos .....

L'inscription est entourée d'un cadre de 0 m. 30 de large. La partie inférieure du texte est enterrée.

187. — Au camp de Bab-el-Cherfine, près d'une kouba; lettres de 0 m. 045.

D M S
Q CLODIVS
MVSTE*olus*
vixit annis

D(iis) m(anibus) s(acrum). Q(uintus) Clodiu[s] Muste[olus?] [v]ixit annis .....

Le cippe est brisé en bas; le fragment a 0 m. 50 de haut.

188. —

Q CLVVIS
MAX*imus*
PIVS VI*xit*
AN LXX
H S E (1)

Q(uintus) Cluvi[u]s Max[imus] pius vi[xit] an(nis) lxx. H(ic) s(itus) e(st).

Il faut certainement lire à la première ligne Cluvi[u]s bien que la pierre ne présente pas de lettres liées.

(1) *Bull. épigr.*, t. iii, p. 299.

189. — Au cimetière juif (1).

```
        D M S
        COLONI
        CA PIA VI
        XIT ANNIS
        XVIIII
        H S E
```

D(iis) m(anibus) s(acrum). Colonica pia vixit annis xviiii. H(ic) s(ita)
e(st).

190. — A côté de la Djemaà de Sidi Hamra; lettres de
0 m. 04 (2).

```
        D M s
        CORNELIA L FIL
        FELICISSIMA
        VIXIT ANNIS LII
        h S E
```

D(iis) m(anibus) [s(acrum)]. Cornelia, L(ucii) fil(ia), Felicissima,
vixit annis lii. [H(ic)] s(ita) e(st).

La pierre, brisée en haut, a 1 m. 50 de haut sur 0 m. 60 de
large.

191. — Lettres de 0 m. 04 (3).

```
        CORNE
        LIA M F
        MACRI
        NA PIA
        VIXIT
        ANNIS
        XXXVIII
```

Cornelia, M(arci) f(ilia), Macrina, pia, vixit annis xxxviii.

192 —
```
        D M S
        Q CORNELI
        VS M F QVIR
        CRESCENS VIXIT
        ANNIS XVII
        H S E (4)
```

(1) *Corpus*. nº 1695.
(2) *Ibid.*, nº 1697.
(3) *Bull. épigr.*, t. III, p. 301.
(4) *Ibid.*, t. III, p. 300.

D(iis) m(anibus) s(acrum). Q(uintus) Cornelius, M(arci) f(ilius) Quir(ina tribu), Crescens, vixit annis xvii. H(ic) s(itus) e(st).

193. —

> CORN*elia*
> FOR*tunata*
> VIXIT *an*
> NIS L......
> H S *e* (1)

Corn[elia] For[tunata] vixit [an]nis l..... H(ic) s(ita) [e(st)].

194. — Dans une cour, près de la voûte à côté de l'hôtel de la subdivision; lettres de 0 m. 035 (2).

> D M S
> CORNE
> LIA PAVL
> LA VIXIT
> ANNIS LXVI
> H S E

D(iis) m(anibus) s(acrum). Cornelia Paulla vixit annis lxvi. H(ic) s(ita) e(st).

L'inscription a 0 m. 45 de haut sur 0 m. 28 de large.

195. —

D M S	D M S
ANNIA	COR
FAVSTA	NELI
SVSO	VS PI
VIXIT AN	VS VI
CI	XIT AN
H S E	CX
	H S E

D(iis) m(anibus) s(acrum). Annia Fausta Suso vixit an(nis) ci. H(ic) s(ita) e(st).

D(iis) m(anibus) s(acrum). Cornelius pius vixit an(nis) cx. H(ic) s(itus) e(st).

(1) *Corpus*, n° 1698.
(2) Cagnat, p. 92.

196. — Sur un sarcophage, dans la cour de la mosquée, près de Bab-el-Cherfiine; lettres de 0 m. 05 (1).

D M S

L CORNELIVS ANTONI

ANVS OMNIBVS HONORIBVS

FVNCTVS VIXIT ANNIS LVII

H S E

D(iis) m(anibus) s(acrum). L(ucius) Cornelius Antonianus, omnibus honoribus functus, vixit annis lvii. H(ic) s(itus) e(st).

L'inscription est entourée d'un encadrement à ailerons latéraux. Le sarcophage a 2 m. de long sur 0 m. 60 de haut.

197. — A droite de la route de Souk-Arrhas, dans un jardin au-delà des abreuvoirs; lettres de 0 m. 055.

D M s

L CORNELIVS

E V T Y Q I E

P I V S

VIXIT ANNIS LI

H S E

D(iis) m(anibus) [s(acrum)]. L(ucius) Corneliu[s] Eutydie, pius vixit annis li. H(ic) s(itus) e(st).

198. —

L CORNELIVS FAV

STVS VIXIT ANNIS

XXXVII

H S E (2)

L(ucius) Cornelius Faustus vixit annis xxxvi. H(ic) s(itus) e(st).

199. — A Aïn-Menek; inscription fort effacée.

D m s

CORNELIVS

..... vix an.

LX H s. e.

D(iis) [m(anibus) s(acrum)]. Cornelius ..... [vix(it) an(nis)] lx. H(ic) [s(itus) e(st)].

(1) *Bull. épigr.*, t. III, p. 299.
(2) *Ibid.*, p. 300.

200. — A Ksar-er-Ghoul ; fragments ; lettres de 0 m. 02.

Q CORNELI
VS P·F·CRE
. . . .

Q(uintus) Cornelius, P(ublii) f(ilius) .....

201. —
C CORNELIVS FORTv
NATIANVS QVONDAM
DE NOMINE PATRIS
STVDIS PRAECELLENS FORMAque
DECORVS QVEM MORS ERIPV
IT PRIMA FLORENTE IVVEnta
SUFICIVNT TITVLI NON EGO SOLVS
OBI VIXIT ANNIS XXIII H S E (1)

C(aius) Cornelius
Fortunatianus, quondam de nomine patris,
Studi(i)s praecellens forma[que] decorus
Quem mors eripuit prima florente juve[nta]
Suf(f)iciunt tituli ; non ego solus obi.
Vixit annis xxiii. H(ic) s(itus) e(st).

Les vers ne commencent évidemment qu'après le mot *Cornelius.* Leur facture laisse fort à désirer.

202. —
D M S
P CECILIVS
TIRO VIX
IT ANIS
XLV (2)

D(iis) m(anibus) s(acrum). P(ublius) Cecilius Tiro vixit an(n)is xlv.

203. — Aux jardins du Kef ; cippe très élégant ; lettres de
0 m. 05.

D M S
Q COSSV
TIVS SENE
CA VIXIT

(1) *Bull. épigr.*, t. iii, p. 300.
(2) *Ibid.*, p. 241.

```
AN XXIII
DVDDASI
CONTVBER
NALES OB
MERITV
H S E
```

D(iis) m(anibus) s(acrum). Q(uintus) Cossutius Seneca vixit an(nis) xxiii. Duddasi contubernales ob meritu. H(ic) s(itus) e(st).

Les *contubernales* étaient des jeunes gens de familles riches qui accompagnaient un général pour apprendre sous ses ordres l'art de la guerre. Ils formaient de la sorte ce que nous nommerions aujourd'hui un état-major.

On nommait encore *contubernales* des soldats vivant sous la même tente et placés sous les ordres d'un gradé subalterne, le *décanus*, ainsi appelé parce que chaque tente abritait dix soldats.

Par extension, le mot *contubernales* finit par désigner, dans la suite, des amis vivant dans une parfaite amitié, et même deux personnes unies illégitimement comme cela avait lieu pour les esclaves.

204. —
```
CRANIA C F
TERTVLLA
VIXIT ANNIS
XXXXIII
```

Crania, C(aii) f(ilia), Tertulla vixit annis xxxxiii.

205. —
```
D M S
CRANIA
NICET FIL
VIX VITAM
ANNIS
LXXXXVII H S E •
```

Wilmanns a proposé la lecture suivante:

D(iis) m(anibus) s(acrum). Crania Nice, T. fil(ia), vix(it) vitam annis lxxxxvii. H(ic) s(ita) e(st).

206. —
```
D M S
CRANIA
BICICHI
VIXIT AN
XXXXVI H S E (1)
```

(1) *Bull. épigr.*, t. III, p. 301. — *Ephem.*, t. v, p. 370.

D(iis) m(anibus) s(acrum). Crania Bicichi (filia?) vixit an(nis) xxxxvi. H(ic) s(ita) e(st).

M. Schmidt a lu à la troisième ligne: *Birichi*.

207. — Cippe de 0 m. 64 de haut sur 0 m. 32 de large; lettres de 0 m. 04 (1).

```
          D M S
          G RED
          V T A
          VIXIT
          ANIS
          XXXI D
          L ET S
```

D(iis) m(anibus) s(acrum). C(laudia?) Reduta (?) vixit an(n)is xxxi, d(iebus) l et s(emisse?).

Cette lecture a été proposée par Wilmanns.

208. — Dans la maison de Sidi Allela; recueillie par le général d'Aubigny; provenance inconnue; lettres de 0 m. 035.

```
          D M S
          CRESCENS
          ROGATI FI
          VIX ANN
          XXXIX H S E
```

D(iis) m(anibus) s(acrum). Crescens, Rogati fi(lius), vix(it) ann(is) xxxix. H(ic) s(itus) e(st).

L'inscription est entourée d'un cadre de 0 m. 20 de côté.

209. — Dans une ruelle, près de la place Logerot (2).

```
          D M S
          GRIIS
          CIINTIA VI
          XIT ANNIS
          XIV H S E
```

D(iis) m(anibus) s(acrum). Crescentia vixit annis xiv. H(ic) s(ita) e(st).

(1) *Corpus*, n° 1700.
(2) Cagnat, p. 87.

210. — A l'henchir el Guetât.

	D M S	
(L et I liés)	CORNELIA	Q OCTAVI
	EVSEBIA	AQVILIN
(T et I liés)	PIA VIXIT	PIVS VIX
	ANNIS	ANNIS LXX
	LVIII	H S E
	H S E	

D(iis) m(anibus) s(acrum).
Cornelia Eusebia Pia vixit annis lviii. H(ic) s(ita) e(st).
Q(uintus) Octavi(us) Aquilin(us) pius vix(it) annis lxx. H(ic) s(itus) e(st).

211. — Fragment.

DA
VIXIT *annis*
..... II EVD.....
FECIT

212. — Cippe; à la zaouïa de Sidi Mohamed ben Ali; lettres de 0 m. 055.

D M S
L DECITIVS
C F PVDENS
VIXIT AN
NIS LX
H S E

D(iis) m(anibus) s(acrum). L(ucius) Decitius, C(aii) f(ilius), Pudens vixit annis lx. H(ic) s(itus) e(st).

La pierre a 1 m. 55 de haut sur 0 m. 49 de large.

213. —

.....DIV.....
.....QVI.....
ASTASIVS
ANORVM V
IXIT LI
H S E

214. — Au cimetière juif; cippe brisé en bas; lettres de
0 m. 04 (1).

DOMINVS
MONADIL
LAE CONCVBI
NAE CASTISS
imae.....

Les Romains appelaient *concubina* la femme qui contractait
l'union particulière appelée *concubinatus*. Il n'y avait là rien de
dégradant ni d'immoral. Cette union avait généralement lieu
entre deux personnes de conditions inégales auxquelles le
mariage était interdit. Elle ressemblait assez aux mariages mor-
ganatiques des souverains ou des princes, mariages qui seraient
considérés comme contraires aux lois ou à la politique s'ils
étaient réellement conclus, mais ne sont pas considérés comme
immoraux.

215. — Au cimetière juif; lettres de 0 m. 06 (2).

D   M   S
Q ERCIVS Q F
MAXIMVS
VIXIT ANN
VIIII
H   S   E

D(iis) m(anibus) s(acrum). Q(uintus) Er(u)cius, Q(uinti) f(ilius),
Maximus vixit ann(is) viiii. H(ic) s(itus) e(st).

La pierre a 1 m. 70 de haut sur 0 m. 46 de large.

216. — Lettres de 0 m. 045 (3).

C ERVCIVS SERVS
SABINIANVS
Q ' VIXIT ANNIS
XVI
H   S   E

C(aius) Erucius Serus? Sabinianus Q(uirina tribu?) vixit annis xvi.
H(ic) s(itus) e(st).

(1) *Bull. épigr.*, t. III, p. 301.
(2) *Corpus*, n° 1701.
(3) *Ibid.*, n° 1703.

217. —

D M S
CERVTIVS SATVR
NINVS Q F Q
(sic) F P VIXIT AN
NIS LXXI (1)

D(iis) m(anibus) s(acrum). C(aius) Erutius Saturninus, Q(uinti) f(ilius), Q(uirina tribu), f(elix?), p(ius), vixit annis lxxi.

Le *Corpus* ajoute II. S. E. Wilmanns croit en outre que la lettre F de la quatrième ligne a été gravée par erreur. Il se peut aussi que la filiation ait été exprimée deux fois.

218 — A la casbah, dans une chambre près de la fontaine; lettres de 0 m. 04.

D M S
M Fabia
antonia PI
A VIX ANI
S XI II s e

D(iis) m(anibus) s(acrum). M(arcia?) F[abi]a [A]nt[onia] pia [v]ix(it) an(n)is xi. H(ic) [s(ita) e(st)].

L'inscription se lit sur une dalle carrée de 0 m. 20 de côté.

219. —

/ABIA M F
POL/A VIX
A XLV II S E (2)

[F]abia M(arci) f(ilia) Pol[l]a vix(it) a(nnis) xlv. H(ic) s(ita) e(st).

La pierre est brisée à gauche.

220. — Au Dar-el-Oukil, dans la prison du bureau arabe.

D M S	D M S
FABIA	M CLAV
TERTVL	DIVS
INA Pia	ʼR M V
VIXIT	LVS VI
AN LV	XIT AN
II S E	NIS XVII
	II S E

_____

(1) *Corpus*, nº 1702.
(2) *Bull. épigr.*, t. III, p. 302.

D(iis) m(anibus) s(acrum). Fabia Tertul(l)ina p(ia) vixit an(nis) lv. H(ic) s(ita) e(st).

D(iis) m(anibus) s(acrum). M(arcus) Claudius [Fi]rmulus vixit annis xvii. H(ic) s(itus) e(st).

221. —
```
              D M S
       FABIA RO
       MANA VIX
       ANNIS ...
        h. s. e. (1)
```

D(iis) m(anibus) s(acrum). Fabia Romana vix(it) annis .....

222. —
```
              fABIA
       Q F RO
       MVLAE
       VIXIT AN
       NIS XXX
```

[Fa]bia, Q(uinti) f(ilia), Romulae (?) vixit annis xxx.

223. —
```
       FABIA P · F · SECun
       DA M AEMILii (vel Aemiliani)
       VXOR PIA vixit
       ANNIS Xv.....
        H  s.  e. (2)
```

Fabia, P(ublii) f(ilia), Se[cun]da M(arci) (?) Aemil[ii] (?) uxor, pia, v[ixit] annis ..... H(ic) s(ita) e(st).

224. — Dans la maison du consulat ; lettres de 0 m. 04.
```
       FABIA Q F
       VENVSTA
       VIXIT ANN
         XLVI
        H S E
```

Fabia, Q(uinti) f(ilia), Venusta, vixit ann(is) xlvi. H(ic) s(ita) e(st).

La pierre, arrondie à sa partie supérieure, a 0 m. 45 de haut sur 0 m. 35 de large.

(1) *Bull. épigr.*, t. III, p. 302.
(2) *Corpus*, n° 1707.

6

225. — Au Dar-el-Oukil, sur une dalle, dans la cour; lettres de 0 m. 03.

D M S
FABIA VI
CTORIA VIC
SIT ANN*is*

D(iis) m(anibus) s(acrum). Fabia Victoria vicsit ann[is .....

La pierre est brisée en bas; le fragment a 0 m. 31 de haut sur 0 m. 22 de large.

226. — Lue en ville, dans une maison en réparation; probablement perdue aujourd'hui. Lettres de 0 m. 06 aux deux premières lignes, 0 m. 04 aux deux autres.

FABIA Q F
FAVSTA VIX
IT ANNIS XLIII
H S E

Fabia, Q(uinti) f(ilia), Fausta, vixit annis xliii. H(ic) s(ita) e(st).

227. — Au cimetière juif; lettres de 0 m. 04 (1).

D M S
P FABIVS
LVPERCVS
VIX AN XXX
H S E

D(iis) m(anibus) s(acrum). P(ublius) Fabius Lupercus vix(it) an(nis) xxx. H(ic) s(itus) e(st).

La pierre a 1 m. 27 de haut sur 0 m. 45 de large.

228. — Au consulat.

FABIVS PA
...TVS VIX
... V H *s. e.*

Fabius Pa[ca]tus vix(it) [annis.....] v. H(ic) [s(itus) e(st)].

(1) *Corpus*, n° 1704.

229. — Au musée; provenance inconnue; fragment.

L. FABIV
S PRIVAN

L(ucius) Fabius .....

230. —

D M S
. . . . FABIVS . . . .
. . . . . VIXIT ANNIS
. . . . . XVII MII . . . (1)

231. — Dans une cour, près de la route que l'on traverse en allant de Bab-el-Haouret à la fontaine romaine; lettres de 0 m. 06 (2).

D M S
Q FABIVS SATVR
NINVS IVNIOR
VIXIT ANNIS XXXVI
H S E

D(iis) m(anibus) s(acrum). Q(uintus) Fabius Saturninus iunior vixit annis xxxvi. H(ic) s(itus) e(st).

232. — A Ksar-er-Ghoul, sur le toit de la maison du garde; lettres de 0 m. 05.

D M S
L FALTONI
VS POLINVS
VIXIT ANNIS CI
H S E

D(iis) m(anibus) s(acrum). L(ucius) Faltonius Polinus vixit annis ci. H(ic) s(itus) e(st).

La pierre, triangulaire à sa partie supérieure, a 0 m. 60 de haut sur 0 m. 38 de large. L'inscription est entourée d'un cadre de 0 m. 30 de côté.

233. — Au musée, provenance inconnue.

Q FAMILIVS
BALTATON
VIXIT AN X

Q(uintus) Familius Baltaton vixit an(nis) x.

(1) *Corpus*, n° 1706.
(2) *Id.*, n° 1705.

231. — Au cimetière juif; lettres de 0 m. 05 aux trois premières lignes, 0 m. 033 à la quatrième, 0 m. 027 aux deux autres (1).

FAVSTVS
HONORA
TI FILIVS
PIVS VIXIT
ANNIS XXVI
H S E

Faustus, Honorati filius, pius, vixit annis xxvi. H(ic) s(itus) e(st).

L'inscription, entourée d'un cadre de 0 m. 43 de haut sur 0 m. 37 de large, se lit sur un cippe de 1 m. 37 de haut sur 0 m. 46 de large.

235. — Au cimetière juif; lettres de 0 m. 035 (2).

D M S
FELICITAS QVE ET
VRVRIA VIXIT
AN XXII H S E

D(iis) m(anibus) s(acrum). Felicitas qu(a)e et Ururia vixit an(nis) xxii. H(ic) s(ita) e(st).

L'inscription se lit sur un cippe de 1 m. 15 de haut sur 0 m. 50 de large.

Le *Corpus* lit QVAE ET à la deuxième ligne.

236. —

H A V E
D M S
FELICI
TAS FELI
CIS VIXIT
ANNIS
XII
H E S

Have! D(iis) m(anibus) s(acrum). Felicitas, Felicis (filia), vixit annis xii. H(ic) e(st) s(ita).

(1) *Corpus*, n° 1708.
(2) *Id.*, n° 1709.

237. —

D M S
FESTIVA
VIXIT ANN
NIS LI
H S E (1)

D(iis) m(anibus) s(acrum). Festiva vixit annis li. H(ic) s(ita) e(st).

238. — Près de Bab-el-Haouaret, dans une cour ; lettres de 0 m. 04 (2).

D M S
L. FLAMNVS
PIRRICVS
VIXIT ANI
S LXXXI

D(iis) m(anibus) s(acrum). L(ucius) Flam(i)nus Pirricus vixit an(n)is lxxxi.

L'inscription a 0 m. 29 de haut sur 0 m. 23 de large.

M. Cagnat a lu *Flaminius;* quelque correcte que puisse paraître cette lecture, nous avouons avoir vainement cherché à découvrir des lettres liées à la deuxième ligne.

239. —

D M S
FLAVI
A PETR
ONIA
BONA PI
A PVD
ICA VI
XIT AN
NIS XX
III H S E

D(iis) m(anibus) s(acrum). Flavia Petronia bona, pia, pudica vixit annis xxiii. H(ic) s(ita) e(st).

240. —

D M S
FLAVIA ROG
ATA VIXIT AN
NIS XXV

D(iis) m(anibus) s(acrum). Flavia Rogata vixit annis xxv.

(1) *Bull. épigr.,* t. III, p. 302.
(2) Cagnat, p. 92.

241. —
```
       D M S
       FLORA
       MONAIRV
     A VIXIT AN
       N XXX
```

D(iis) m(anibus) s(acrum). Flora Monaieva (?) vixit ann(is) xxx.

242. — Fragment (1).
```
       D M SACR
       fORTVNATA
```

D(iis) m(anibus) sacr(um). [F]ortunata .....

243. —
```
       FORTUNAT
       VS CAMIIBI
       NVS VIXIT
       A LXV
```

Fortunatus Camebinus (?) vixit a(nnis) lxv.

Le nom de *Fortunatus* est très commun. Dans l'Afrique romaine seule, il est donné par plus de trois cents inscriptions.

244. —
```
       D  M  S
    FORTVNIVS CApit
    INVS VIXIT ANNis
       XXXV M... (2)
```

D(iis) m(anibus) s(acrum). Fortunius Ca[pit]inus vixit ann[is] xxxv, m(ensibus).....

245. —
```
       D M S
       FVLGI
       NIANA
       TVLA PI      (Illisible)
     A  VIXIT
     A N N I S
     XIV II S E      (3)
```

D(iis) m(anibus) s(acrum). Fulciniana Tula pi.. vixit anais xiv. II(ie) s(ita) e(st).

(1) *Corpus*, n° 1710.
(2) *Bull. épigr.*, t. III, p. 303.
(3) *Ibid.*

246. — A Ksar-er-Ghoul; lettres de 0 m. 03 très effacées.

I FVSC	QVIR
IVS SA	C F'''OO
....N....	'S' VIXIT
NNIS	LXXIII

J... Fuscius Sa[turni]n[us], Quir(ina tribu), C(aii) f(ilius) ..... vixit [a]nnis lxxiii. (?)

La pierre a 0 m. 57 de haut sur 0 m. 42 de large.

247. — Au cimetière juif; lettres de 0 m. 015.

FVRIA M

F MAXIMA

VAN XIII

H S E

Furia, M(arci) f(ilia), Maxima, v(ixit) an(nis) xiii. H(ic) s(ita) e(st).

L'inscription a 0 m. 20 de haut sur 0 m. 18 de large.

248. —

M FABIV Q F

QVIR SATVRNI

NVS VIX ANN

XI H S E (1)

M(arcus) Fabiu(s), Q(uinti) f(ilius), Quir(ina tribu), Saturninus, vix(it) ann(is) xi. H(ic) s(itus) e(st).

249. —

D M S

SEX FANIVS

HONORAT

VS TERMIN

ATIVS HON

F QVIR VIXIT

ANNIS LXV

VORNATVS

H S E (2)

D(iis) m(anibus) s(acrum). Sex(tus) Fan(n)ius, Honoratus Termi-natius, Hon(orati) f(ilius), Quir(ina tribu), vixit annis lxv. Vornatus (fecit??). H(ic) s(itus) e(st).

(1) *Bull. épigr.*, t. III. p. 302.
(2) *Ibid.*

250. —

D M S	D M S
IVLIA	GARGILI
VALERI	VS LVCA
A VIX	NVS VI
AN LXXV	X
	AN LXVI (1)

D(iis) m(anibus) s(acrum). Julia Valeria vix(it) an(nis) lxxv.

D(iis) m(anibus) s(acrum). Gargilius Lucanus vix(it) an(nis) lxvi.

251. — Dans un chemin, près d'une source voisine de Bab-el-Hani; lettres de 0 m. 055 (2).

D M S

GEMINIA

SATVRNI

NA VIX AN

XII H S E

D(iis) m(anibus) s(acrum). Geminia Saturnina vix(it) an(nis) xii. H(ic) s(ita) e(st).

L'inscription, qui a 0 m. 36 de haut sur 0 m. 31 de large, se lit sur un cippe de 1 m. 10 de haut.

252. — Au camp des Oliviers; lettres de 0 m. 05.

D M S

P · GEMINI

us P · F Q

bassVLVS

PIVS VIX AN

XVIII H S E

D(iis) m(anibus) s(acrum). P(ublius) Gemini[us], P(ublii) f(ilius), Q(uirina tribu), [Ba]ssulus, pius, vix(it) an(nis) xviii. H(ic) s(itus) e(st).

La pierre, brisée en deux fragments, a 0 m. 60 de haut sur 0 m. 35 de large.

Le nom de *Geminius* était très répandu dans l'Afrique romaine. Le *Corpus*, de Berlin, en cite quatre-vingt-sept exemples.

Le surnom de *Bassulus*, diminutif de *Bassus*, bas, y était très rare, au contraire. On ne l'avait encore rencontré jusqu'ici que

(1) *Bull. épigr.*, t. IV. p. 111.

(2) *Cagnat*, p. 103.

sur une seule inscription tumulaire, à Constantine (t. l. a.,
n° 7170).

253. — Lettres de 0 m. 06 (1).

```
        D M S
      GERMANVS
      PIVS VI
      XIT ANNIS
        XVII
        H S E
```

D(iis) m(anibus) s(acrum). Germanus Pius vixit annis xvii. H(ic)
s(itus) e(st).

L'inscription se lit sur une pierre de 0 m. 75 de haut sur
0 m. 43 de large.

254. — Dans une cour; copie de M. Schmidt (2) :

```
    GERENNIA · L · F
    BIRIHBAL · V
    AN · LVIII · H · S
```

Gerennia, L(ucii) f(ilia), Birihbal, v(ixit) an(nis) lviii. H(ic) s(itus)
[e(st)].

Le nom de Birihbal est d'origine punique.

255. —

```
    GVLA PA
    CATA VI
    XIT ANI
    S XXXV
```

Gula Pacata vixit an(n)is xxxv.

256. —

```
    GRANIA C F
    TERTVLLA
    VIXIT ANN
      XXXIII
     H S E (3)
```

Grania, C(aii) f(ilia), Tertulla, vixit ann(is) xxxiii H(ic) s(ita) e(st).

(1) *Corpus*, n° 1711.
(2) *Ephemer.*, vol. v, p. 370.
(3) *Corpus*, n° 1712.

257. —

D M S
GRESSIA . . . . .
CIANA . . . .
GRESSI *salvr*
NINI FILIA
VIXIT ANNIS
XVII H S E (1)

D(iis) m(anibus) [s(acrum)]. Gressia [Feli]ciana?..., Gressi(i) [Sat]ur-nini filia vixit annis xvii. H(ic) s(ita) e(st).

258. —

D M S
L GARGI
LIVS SA
TVRNI
nus v a
. . . . . . (2)

D(iis) m(anibus) s(acrum). L(ucius) Gargilius Saturni[nus] v(ixit) a(nnis).....

259. —

..... OR	.... MO
I L I V	G A R G
*sf*ORT	ILIAM
V N A	AVRA
tus V	MATE
*ixi*T AN	R VIXI
nis IX	T ANNIS
	LXIII (3)

..... [F]ortuna[tu]s v[ixi]t an[ni]s ix .....
..... Gargilia ..... mater, vixit annis lxiii.

260. —

GARGILIA •
FORTVNATA
VIX A LXII
H S E (4)

Gargilia Fortunata [v]ix(it) a(nnis) lxiii. H(ic) s(ita) e(st).

(1) *Corpus*, n° 1713.
(2) *Bull. épigr.*, t. IV, p. 111.
(3) *Ibid.*
(4) *Ibid.*

261. —

        d m s
        gRANIA
        CAECILIA
        NA VIXIT
        ANN XXXI
        H · S · E· (1)

[D(iis)] m(anibus) s(acrum). [G]rania Caeciliana vixit ann(is) xxxi.
H(ic) s(ita) e(st).

262. —

        D M S
        HARRADIVS
        VIXIT ANNIS
        XI (2)

D(iis) m(anibus) s(acrum). Harradius, vixit annis xi.

263. — Au camp de l'artillerie, près de la casbah ; lettres de
0 m. 04, sur un cippe fort élégant de 1 m. 10 de hauteur et
0 m. 49 de largeur.

face de gauche	face principale		face de droite
D M S HELVIA SECVRA CVTZARA PIA VIXIT ANNIS XXX H S E	D M S POPILIA CATVLLA PIA VIXIT ANNIS XX VI M VII H S E	D M S Q HELVI VS RVRIN IARIVS PI VS VIXIT ANN LXX D XVIII H S E	D M S CORNELIA AEMILIA PIA VIXIT ANNIS LXXI H S E

D(iis) m(anibus) s(acrum). Helvia Secura Cu'zara pia vixit annis
xxx. H(ic) s(ita) e(st).

D(iis) m(anibus) s(acrum). Popilia Catulla pia vixit annis xxvi,
m(ensibus) vii. H(ic) s(ita) e(st).

D(iis) m(anibus) s(acrum). Q(uintus) Helvius Ruriniarius pius vixit
ann(is) lxx, d(iebus) xviii. H(ic) s(itus) e(st).

D(iis) m(anibus) s(acrum). Cornelia Aemilia pia vixit annis lxxi.
H(ic) s(ita) e(st).

Chaque inscription est entourée d'un cadre de 0 m. 48 de haut.

(1) *Bull. épigr.*, t. iv, p. 111.
(2) *Ibid.*

261. —·

```
          D  M  S
     SEX  HERCV
     LIANVS  SECVN
     DVS  LATOSVS
     VIXIT ANN XXXIII
          H  S  E
```

D(iis) m(anibus) s(acrum). Sex(tus) Herculianus Secundus Latosus
vixit ann(is) xxxiii. H(ic) s(itus) e(st).

265. — Lettres de 0 m. 04 (1).

```
     IANVA
     RIVS
     VIXIT
     ANNIS
     LXXXVIX (sic)
```

Januarius vixit annis lxxxiv.

Le surnom de Januarius s'est assez fréquemment rencontré
en Afrique. On en connaît plus de deux cent soixante exemples,
mais il est rare de le rencontrer seul.

Le *Corpus* lit LXXXVX à la 5ᵉ ligne.

266. —

```
          D  M  S
     IANVARIA
     VIXIT ANNIS
          XXXI (2)
```

D(iis) m(anibus) s(acrum). Januaria vixit annis xxxi.

267. —

```
          D  M  S
     ILARVS
     VIXIT AN
     NIS XXIII
          H  S  E
```

D(iis) m(anibus) s(acrum). (H)ilarus vixit annis xxiii. H(ic) s(itus)
e(st).

(1) *Corpus*, n° 1714.
(2) *Bull. épigr.*, t. iv, p. 238.

268. —
```
        D M S
        IOVENTI
        A VICTO
        RIA VIX
        IT ANIS   (N et I liés).
          XXXV
        H S E (1)
```

D(iis) m(anibus) s(acrum). Jovent[i]a Victoria vixit an(n)is xxxv. H(ic) s(ita) e(st).

269. — Au cimetière juif (2).
```
        ISPERata ..... vi
        XIT ANNIS LXXII
          H   S   E
```

Isper[ata]?..... [vi]xit annis lxxii. H(ic) s(ita) e(st).

M. Wilmanns propose de lire : J(ulia) Sper[ata]. M. Cagnat lit tout simplement Isper[ata] en s'appuyant sur l'absence de tout point séparatif entre l'ɪ et l's. L'ɪ épinthétique, ajoute-t-il, se rencontre assez souvent en Afrique devant sp.

270. — Copie de M. Roy :
```
        D M S
        IVLIA
          FTV
```

D(iis) m(anibus) s(acrum). Julia.....

271. — Au cimetière juif, lettres de 0 m. 04 (3).
```
        IVLIA BENEDIC
        TA VIXIT ANNIS
            XV
          H   S   E
```

Julia Benedicta vixit annis xv. H(ic) s(ita) e(st).

L'inscription est entourée d'un cadre de 0 m. 27 de haut sur 0 m. 46 de large.

(1) Bull. épigr., t. ɪv, p. 112.
(2) Corpus, n° 1730.
(3) Bull. ant. afric., fasc. v, p. 291. — Bull. épigr., t. ɪv, p. 236.

272. — Au cimetière arabe do Sidi bou Menzel; lettres de 0 m. 06 à la première ligne, 0 m. 05 aux suivantes (1).

D M S

IULIA DELEC

TA PIA VIXIT

ANNIS XXX

H S E

D(iis) m(anibus) s(acrum). [J]ulia Delecta Pia vixit annis xxx. H(ic) s(ita) e(st).

· L'inscription, qui a 0 m. 45 de haut sur ′ m. 32 de large, se lit sur un cippe assez élégant.

273. — Route de Souk-Arrhas, sur un mamelon au-delà des jardins; lettres de 0 m. 04 (2).

D M S	D *m s*
IVLIA	. . . .
LEAE F	(Le reste est illisible.)
I VIX	
IT ANI	
SLV...	
III	
H E S	

D(iis) m(anibus) s(acrum). Julia Leae fi(lia) vixit an(n)is lv...iii. H(ic) e(st) s(ita).

M. Cagnat a lu un c à la fin de la 3e ligne et il corrige: *Leae pi(a?)*; nous croyons à l'existence d'un F. La forme de cette lettre étant courbe, sa ressemblance avec un c se trouve rendue d'autant plus grande.

L'inscription a 0 m. 48 de haut sur 0 m. 31 de large.

274. —

D M S

IVLIA

LVCRINA

VIXIT

A XL H S E

D(iis) m(anibus) s(acrum). Julia Lucrina vixit a(nnis) xl. H(ic) s(ita) e(st).

(1) Cagnat, p. 105.
(2) Ibid., p. 106.

275. —

IVLIA L F
LVPVLA
VIX ANNIS
IIII H S E (1)

Julia, L(ucii) f(ilia), Lupula, vix(it) annis iiii. H(ic) s(ita) e(st).

276. — Près de la voûte que l'on traverse en venant de Bab-el-Haouaret; à gauche, dans une cour; lettres de 0 m. 04 (2).

| IVLIA M F |
| MACRINA |
| V I X I T |
| A N N I S |
| XXVII |
| H S F (sic) |

Julia, M(arci) f(ilia), Macrina, vixit annis xxvii. H(ic) s(ita) e(st).

L'inscription, qui se lit sur un cippe de 1 m. 50 de haut sur 0 m. 46 de large, est entourée d'un cadre de 0 m. 59 de haut sur 0 m. 27 de large.

Le lapicide a gravé un F au lieu d'un E à la fin de la dernière ligne; le *Corpus* écrit néanmoins cette dernière lettre.

277. —

IVLIA
MARCEL
LA VICX
ANNIS
LXXIIII
H S E (3)

Julia Marcella vix(it) annis lxxiii. H(ic) s(ita) e(st).

278. —

IVLIA Q
FILIA MA
RCELLA VI
XIT AN LII
H S E (4)

Julia, Q(uinti) filia, Marcella, vixit an(nis) lii. H(ic) s(ita) e(st).

(1) *Corpus*, n° 1727.
(2) *Ibid.*, n° 1728.
(3) *Bull. épigr.*, t. IV, p. 236.
(4) *Ibid.*

279. —

```
        D M S
     IVLIA MA
     RCIANA
     VICXIT AN
     NIS N̄ XXX (1)
```

D(iis) m(anibus) s(acrum). Julia Marciana vixit annis n(umerum) xxx.

280. — Route de Souk-Arrhas, sur une hauteur, près des abreuvoirs; lettres de 0 m. 045.

D M S	D M S
IVLIA	IVLIVS
EVTICI	ACHIL
OLA VI	EVS VI
X ANN	X AN LI
(sic) LV IS	H S E

D(iis) m(anibus) s(acrum). Julia Euticiolia vix(it) annis lv.

D(iis) m(anibus) s(acrum). Julius Achil(l)eus vix(it) an(nis) li. H(ic) s(itus) e(st).

Le surnom *Euticiola* n'est pas connu, mais celui d'*Achilleus* n'est pas nouveau. On l'a déjà relevé à Lambèse, à Tébessa et à Bougie, écrit *Achilleus* et *Achilles* (I. L, A, n°s 3001, 1978, 8957.)

L'inscription se lit sur un cippe que nous avons fait déterrer.

281. — Au nord du camp de Bab-el-Cherfline, dans une rue, près d'un vieil édifice romain; lettres de 0 m. 03.

```
     IVLIA NV
     CF MIDA    (sic)
     PIA VIX
     IT ANNIS
     LXXV
```

Julia Numida, C(aii) f(ilia), vixit annis lxxv.

L'inscription est entourée d'un cadre de 0 m. 16 de haut sur 0 m. 21 de large.

(1) *Bull. épigr.*, t. IV, p. 236.

282. — Dans les dépendances de la maison de Sidi Allela; lettres de 0 m. 045 (1).

D M S

IVLIA PVB

LIA Q FIL PI

A VIXIT

A N N I S

LXXV

H S E

D(iis) m(anibus) s(acrum). Julia Publia, Q(uinti) fil(ia), Pia, vixit annis lxxv. H(ic) s(ita) e(st).

L'inscription se lit sur un pilier; la pierre a 0 m. 42 de large.

283. —

IVLIA QATA

VIX ANIS

TO LXXXV

Julia (C)ata vix(it) an(n)is..... lxxxv.

284. —

IVLIA RESTITV

TA VIX ANN

XXVII

H S E (2)

Julia Restituta vix(it) ann(is) xxvii. H(ic) s(ita) e(st).

285. — Au cimetière chrétien; lettres de 0 m. 045 (3).

D M S

IVLIA ROGA

TA PIA VIXIT

ANNIS XXXI

H S E

D(iis) m(anibus) s(acrum). Julia Rogata Pia vixit annis xxxi. H(ic) s(ita) e(st).

L'inscription, qui se lit sur un cippe de 1 m. 60 de haut sur 0 m. 36 de large, est entourée d'un cadre de 0 m. 70 de haut sur 0 m. 30 de large.

(1) Bull. épigr., t. iv, p. 237.
(2) Ibid.
(3) Bull. des ant. afric., fasc. v, p. 291. — Bull. épigr., t. iv, p. 237.

286. —

IVLIA C F
SALVILA
PIA VIX
AN XXXIV (1)

Julia, C(aii) f(ilia), Salvila Pia, vix(it) an(nis) xxxiv.

287-288. — Dans l'intérieur d'une maison (café de Zama), près de Bab-el-Haouaret; lettres de 0 m. 045 pour la première inscription, 0 m. 04 pour la seconde (2).

D   M   S
IVLIA SATVR
NINA FELI
CISSIMA
VIXIT AN
NIS XXX
H   S   E

D   M   S
C IVLIVS OP
TATVS MAXI
MIANus PI
VS VIXIT
ANNIS VI
H   S   E

D(iis) m(anibus) s(acrum). Julia Saturnina Felicissima vixit annis xxx. H(ic) s(ita) e(st).

D(iis) m(anibus) s(acrum). C(aius) Julius Optatus Maximian(us) pius vixit annis vi. H(ic) s(itus) e(st).

Les deux inscriptions, qui ont, la première 0 m. 43 de haut, la seconde 0 m. 36, sur une largeur commune de 0 m. 22, se lisent sur un cippe servant de pilier. •

M. Cagnat écrit *Salvinina* à la 2e ligne; nous avons lu *Satur-nina*.

289. —

IVLIA L F SECV
NDA VIX ANNIS   (I et N liés)
LXXI   H   S   E (3)

Julia, L(ucii) f(ilia), Secunda, vix(it) annis lxxi. H(ic) s(ita) e(st).

(1) *Bull. épigr.*, t. IV, p. 237.
(2) Cagnat, *Ier rap*, p. 90.
(3) *Bull. épigr.*, t. IV, p. 237.

290. — A Aïn-Meneck, petite hauteur près des abreuvoirs de la route de Souk-Arrhas; lettres de 0 m. 04, très effacées.

```
      D M S
    IVLIA SE
    GVNDA
    QVI ET CV
     PASS
    VIXIT AN
    NIS XXXI
     H S E
```

D(iis) m(anibus) s(acrum). Julia Secunda, qui et Cupass? vixit annis xxxi. H(ic) s(ita) e(st).

L'inscription se lit sur un cippe.

291. —
```
    IVLIA L F
    TERTVLLA
    PIA VIX
    ANNIS
    LII H S E (1)
```

Julia, L(ucii) f(ilia), Tertulla Pia vix(it) annis lii. H(ic) s(ita) e(st).

292. —
```
    D M S
  IVLIA VEVSTILLA
  PIA VIXIT
     AN
  LXXXXIII (2)
```

D(iis) m(anibus) s(acrum). Julia Veustilla? pia vixit an(nis) lxxxxiii.

293. — Au cimetière juif; lettres de 0 m. 055.

```
    D M S
  Q IVLIVS      IVLIA VR
   VICTOR       BANA PI
   PIVS VI      A VIXIT
   XIT AN       ANNIS XXX   (N et 1 liés)
    XXV
    H S E
```

<hr>

(1) *Bull. épigr.*, t. IV, p. 237.
(2) *Corpus*, n° 1732.

D(iis) m(anibus) s(acrum). Q(uintus) Julius Victor pius vixit an(nis) xxv. H(ic) s(itus) e(st).
Julia Urbana pia vixit annis xxx.

L'inscription a 0 m. 57 de haut sur 0 m. 40 de large.

294. — Dans un mur, au bas de la rampe de Bab-el-Hani, au bastion IV; lettres inégales, grêles et mal gravées; hauteur moyenne, 0 m. 035 (1).

JVLIA M F
VENVSTA
VIX ANI
S XXXV
H S E

Julia, M(arci) f(ilia), Venusta, vix(it) an(n)is xxxv. H(ic) s(ita) e(st).

295. — Fragment.

D M S
iulivs

D(iis) m(anibus) s(acrum). [Jul]ius .....

296. —

D M S
IVLIVS
PACATVS
VIXIT
A LXI (2)

D(iis) m(anibus) s(acrum). Julius [P]acatus vixit a(nnis) lxi.

297. —

L IVLIVS
ANDAVS
VIX ANIS
XXVI
HIC S (3)

L(ucius) Julius Andaus, vix(it) an(n)is xxvi. Hic s(itu-).

(1) Corpus, nº 1731.
(2) Bull. Épigr., t. iv. p. 112.
(3) Ibid.

298. — Près de Bab-Redar, sur la route neuve qui traverse la ville; lettres de 0 m. 04.

DIS M SAC

T IVLIVS

ARION

VIXIT

AN...

D(i)is m(anibus) sac(rum). T(itus) Julius Arion vixit an(nis)...

La pierre est brisée à droite.

299. — A la chapelle de Ksar-er-Ghoul, sur une dalle; lettres de 0 m. 055.

D M S

IVLIVS

CASTVLVS

VIXIT ANNIS

D(iis) m(anibus) s(acrum). Julius Castulus vixit annis .....

La pierre est brisée; le fragment a 0 m. 43 de côté.

300. —

D M S

M IVLIVS M FIL

QVIR CELER

VIXIT ANNIS   (N et I liés)

LXXV

H S E (1)

D(iis) m(anibus) s(acrum). M(arcus) Julius, M(arci) fil(ius), Quir(ina tribu), Celer, vixit annis lxxv. H(ic) s(itus) e(st).

301. —

D M S

IVLIVS

acvli

BVS VA

. . . . . . (2)

D(iis) m(anibus) s(acrum). Julius [A]cu[lin]us, v(ixit) a(nnis).....

(1) Corpus, nº 1716.
(2) Bull. épigr., t. iv, p. 113.

302. —

> D M S
> IVLIVS
> FLAVIA
> NVS M
> *f.* VIX
> *an...* H
> *s e* (1)

D(iis) m(anibus) s(acrum). Julius Flavianus, M(arci) [f(ilius)] vix(it) [an(nis)]... H(ic) [s(itus) e(st)].

303. —

> D M S
> L IVLIVS GE
> MELLIVS VI
> XIT AN LXXXVI
> H S E (2)

D(iis) m(anibus) s(acrum). L(ucius) Julius Gemellius vixit an(nis) lxxxvi. H(ic) s(itus) e(st).

304. —

> Q IVLIVS L F
> H ERI . . . . .
> VIXIT ANNIS L
> H S E (3)

Q(uintus) Julius, L(ucii) f(ilius),.... vixit annis l. H(ic) s(itus) e(st).

305. —

> IVLIVS
> ...TIMO
> VIXIT...
> . . . . . .

Julius [Op]timo? vixit...

306. —

> Q IVLI •
> VS C F M
> ACER VIX
> ANN LV H S E (4)

Q(uintus) Julius, (Caii) f(ilius), Macer, vix(it) ann(is) lv. H(ic) s(itus) e(st).

---

(1) *Bull. épigr.*, t. iv. p. 113.
(2) *Corpus*, n° 1719.
(3) *Bull. épigr.*, t. iv, p. 113.
(4) *Ibid.*

307. — Près de Bab-el-Haouaret; lettres de 0 m. 045.

D M S
M IVLI
VS MON
TANVS
VIX AN
NIS LXXXV
H S E

D(iis) m(anibus) s(acrum). M(arcus) Julius Montanus vix(it) annis lxxxv. H(ic) s(itus) e(st).

La pierre a 1 m. de haut sur 0 m. 37 de large.

308. —

D M S
C IVLIVS
MSSIOLVS
VIXIT AN
NIS XCIII (1)

D(iis) m(anibus) s(acrum). C(aius) Julius M(u)ssiolus vixit annis lxxxxiii.

309. —

Q IVLI
VS MU
STINV
S PIVS
VIX AN
LXXV
D M S (2)

Q(uintus) Julius M[u]stinus pius vix(it) an(nis) lxxv. D(iis) m(anibus) s(acrum).

310. — Lue dans une maison en construction, près de la kouba de Sidi Hamra ; probablement perdue aujourd'hui ; lettres de 0 m. 04.

D M S
D IVNIVS
NVNDINAR
IVS VIXIT
ANIS LXXI
H S E

(1) *Bull. épigr.*, t. IV, p. 113.
(2) *Ibid.*

D(iis) m(anibus) s(acrum). D(ecimus) Junius Nundinarius vixit an(n)is lxxi. H(ic) s(itus) e(st).

La pierre avait 0 m. 60 de haut sur 0 m. 34 de large; l'inscription était entourée d'un cadre de 0 m. 30 de haut sur 0 m. 28 de large.

311. — Devant le consulat; lettres de 0 m. 04.

S IVLIVS RE

.. I VIX

AN XII

H S E

...Julius Re[st]i[tutus?] vix(it) an(nis) xii. H(ic) s(itus) e(st).

312. — La pierre a 0 m. 51 de haut sur 0 m. 35 de large et 0 m. 13 d'épaisseur.

Q IVLIVS RE

STITVTVS

QVIRINA

VIXIT AN

NIS LVII

H S E (1)

Q(uintus) Julius Restitutus, Quirina (tribu), vixit annis lvii. H(ic) s(itus) e(st).

313. — Au cimetière juif; lettres de 0 m. 05 (2).

D M S

Q IVLIVS

MAIOR RO

GATIANVS

VIX AN VIII •

H S E

D(iis) m(anibus) s(acrum). Q(uintus) Julius Maior Rogatianus v(ixit) an(nis) viii. H(ic) s(itus) e(st).

La pierre a 1 m. 10 de haut sur 0 m. 35 de large; l'inscription est entourée d'un cadre de 0 m. 37 de haut sur 0 m. 31 de large.

(1) *Bull. épigr.*. t. iv, p. 111.
(2) *Corpus*, n° 1722.

314. —
D M S
P IVLIVS RVFVS V A IIII
H S E (1)

D(iis) m(anibus) s(acrum). P(ublius) Julius Rufus v(ixit) a(nnis) iiii.
H(ic) s(itus) e(st).

315. —

d M S	d M S
SATVRNI	C IVLIVS
NAS ...IT	ROGAT
CIVLI ROGA	VS CAL
TI CALVI FI	VVS DO
LIA PAREN	MAESTICI
TIBVS ET A	I FILIVS
MICIS COR	VIXIT
NIMIA ET	ANNIS
ARAPIA V A	LIII
VIIII M I d V	H S E (2)
H S E	

D(iis) m(anibus) s(acrum). Saturnina,..... C(aii) Juli(i) Rogati Calvi
filia, parentibus et amicis Cornimia et Arapia; v(ixit) a(nnis) viiii,
m(ensibus) uno, d(iebus) v. H(ic) s(ita) e(st).

D(iis) m(anibus) s(acrum). C(aius) Julius Rogatus Calvus, Domestici
filius, vixit annis liii. H(ic) s(itus) e(st).

316. —
D M S
C IVLIVS SA
TVRNINVS
VIX AN IIII (3)

D(iis) m(anibus) s(acrum). C(aius) Julius Saturninus vix(it) an(nis)
iiii.

317. —
IVLIVS ...TVR
NIVS QVINTV (sic)
IVS VIXIT ANNIS
XXVIII
H S E

Julius [Sa]turni(n)us? Quintius? vixit annis xxviii. H(ic) s(itus) e(st).

(1) *Corpus*, n° 1724.
(2) *Bull. épigr.*, t. iv. p. 114.
(3) *Corpus*, n° 1725.

318. — A la chapelle de Ksar-er-Ghoul, sur une dalle; lettres de 0 m. 03.

```
        D M S
      L. IVLIVS
      SEVERV
          S   (sic)
    VIXIT ANIS
   LXXXVI H S E
```

D(iis) m(anibus) s(acrum). L(ucius) Julius Severus vixit a(n)nis lxxxvi. H(ic) s(itus) e(st).

La pierre a 0 m. 40 de long sur 0 m. 26 de large.

319. — A la casbah, près du bastion ouest; lettres de 0 m. 03.

```
     D M S
     C IVLIVS
   SECVNDVS
     VIXIT       (Rien)
     ANNIS
     XXVII
     H S E
```

D(iis) m(anibus) s(acrum). C(aius) Julius Secundus vixit anni[s] xxvii. H(ic) s(itus) e(st).

L'inscription, qui a 0 m. 36 de haut sur 0 m. 16 de large, est placée sous un buste grossier en relief sur le cippe qui a lui-même 1 m. 65 de haut sur 0 m. 42 de large.

320. — A Ksar-er-Ghoul, sur le toit de la maison du garde; lettres de 0 m. 03.

```
   C IVLIVS SE
   CVNDVS
   VIXIT ANN
   LXXXI
   H S E
```

C(aius) Julius Secundus vixit ann(is) lxxxi. H(ic) s(itus) e(st).

La pierre, arrondie en haut, a 0 m. 75 de haut sur 0 m. 29 de large.

321. —

```
     SEX IVLI
     VS VRSVS
     S F LICIA
     NVS  VIX
     AN LXXXIX
```

S(extus) Julius Ursus, S(purii?) f(ilius), Licianus, vix(it) an(nis) lxxxix.

322. —

```
   ... IVLIVS ADIV
      TOR VIX
      AN XXV
      H S E (1)
```

... Julius Ad[i]utor vix(it) an(nis) xxv. H(ic) s(itus) e(st).

323. —

```
      iVLIVS AD
    iuTOR AXANIS
    f. VIXIT ANNIS
      LXXXV
      D M S (2)
```

... [J]ulius Ad[iu]tor, Axanis [f(ilius)], vixit annis lxxxv. D(iis)
m(anibus) s(acrum).

324. — Dans les ruines romaines appelées Dar Mohamed ben
Zebli; lettres de 0 m. 04.

```
     D M S
     I V N I A
     LALIS VIX
   ANNIS XXXV
```

D(iis) m(anibus) s(acrum). Junia Lalis vix(it) annis xxxv.

325. — Au cimetière juif, sur une pierre arrondie en haut
et ayant 0 m. 41 de large sur 1 m. 42 de haut; lettres de 0 m. 05
dans un cadre de 0 m. 41 de haut sur 0 m. 40 de large.

```
     IVNIA L F
     TERTVLLA
     PIA  VIX
     ANNIS
     LHX H S E   (sic)
```

Junia, L(ucii) f(ilia), Tertulla pia vix(it) annis lviii. H(ic) s(ita) e(st).

(1) *Bull. épigr.*, t. iv, p. 112.
(2) *Ibid.*

326. — Sur le toit de la maison du garde, à Ksar-er-Ghoul;
bloc de 0 m. 75 de haut sur 0 m. 32 de large, arrondi en haut;
lettres de 0 m. 04.

D IVNIVS
ROMANVS
VIXIT ANNIS
XVII H S E

D(ecimus) Junius Romanus vixit annis xvii. H(ic) s(itus) e(st).

327. —

D M S
IVVENTI
A SATVR
N I N A
PIA VIX
AN LI (1)

D(iis) m(anibus) s(acrum). Juventia Saturnina pia vix(it) an(nis) li.

328. — Dans une maison arabe; cippe hexaèdre; lettres de
0 m. 04.

D M S	D M S	D M S
Q IVVENTI	IVVENTIA	C...ONIVS (N et I liés)
VS VICTOR	RVF... PIA	
PIVS VIXIT	VIXIT ANNS	*(Le reste n'a jamais*
ANNIS XXI	XVIII	*été gravé.)*
H S E	H S E	

D(iis) m(anibus) s(acrum). Q(uintus) Juventius Victor Pius vixit
annis xxi. H(ic) s(itus) e(st).

D(iis) m(anibus) s(acrum). Juventia Ruffulla?] pia vixit ann(i)s xviii.
H(ic) s(ita) e(st).

D(iis) m(anibus) s(acrum).....

Guirlande à la partie supérieure du cippe.

329. —

M LABERIVS
GALLIANVS
VIXIT ANNIS (N et I liés)
XVII
H S E (2)

M(arcus) Laberius Gallianus vixit annis xvii. H(ic) s(itus) e(st).

(1) *Bull. épigr.*, t. iv, p. 238.
(2) *Ibid.*

330. —

LABIENA L F

SERAN . . . .

VIX AN XXX

H S E

Labiena, L(ucii) f(ilia), Seran(a)... vix(it) an(nis) xxx. H(ic) s(ita) e(st).

331. — D'après une copie de M. Roy (1).

. . . .

LAB. . . . . . .

SERAN . . . .

. . . .

Peut-être cette inscription, que nous n'avons pas rencontrée, n'est-elle qu'une copie incomplète de la précédente.

332. — A Aïn-Meneck, cippe. Caractères de 0 m. 07 à la première ligne ; 0 m. 06 à la deuxième ; 0 m. 05 aux suivantes.

D M S

Q LARGIVS

P F QVIR   (ı et ʀ liés)

MAXIMVS

VIXIT A LXXVI   (т et ı liés)

H S E

D(iis) m(anibus) s(acrum). Q(uintus) Largius, P(ublii) f(ilius), Quir(ina) (tribu), Maximus, vixit a(nnis) lxxvi. H(ic) s(itus) e(st).

333. — Au même endroit que l'inscription précédente ; lettres de 0 m. 05.

D M S

T LARGIVS

NVMIDIGVS

VIXIT ANN

LVII H S E

D(iis) m(anibus) s(acrum). T(itus) Largius Numidicus vixit ann(is) lvii. H(ic) s(itus) e(st).

334. — Au cimetière chrétien de Ksar-er-Ghoul, près de la maison du garde ; cippe de 1 m. de haut sur 0 m. 45 de large ;

(1) *Bull. épigr.*, t. IV, p. 238.

lettres de 0 m. 045 entourées d'un cadre de 0 m. 35 de haut sur
0 m. 42 de large (1).

> D M S
> C LARGIVS COR
> NELIANVS PIVS
> VIXIT ANNIS
> XXXI H S E

D(iis) m(anibus) s(acrum). C(aius) Largius Cornelianus pius vixit
annis xxxi. H(ic) s(itus) e(st).

335. — Au cimetière juif (1).

> D M S
> C LELIV RES
> TVS VIXSIT
> ANNIS XXXI

D(iis) m(anibus) s(acrum). C(aius) Leliu(s) Res(tu)tus (?) vixit
a[n]nis xxxi.

336. —

> D M S
> LICINIA
> VRVRIA V

D(iis) m(anibus) s(acrum). Licinia Ururia v(ixit)...

337. —

> D M S
> LICINI
> A CAPRI
> OLA PIA
> VIXIT AN   (I et T liés)
> NIS LX
> H S E

D(iis) m(anibus) s(acrum). Licinia Capriola pia vixit annis lx.
H(ic) s(itus) e(st).

338. —

D M S	D M S
LICI	Q PVP
NIA GAL	VS BA
LIA VI	L A S
XIT AN	VIXIT
N I S	ANNI
XXXI	S LXX
	II

(1) *Bull. ant. afric.*, p. 291. — *Bull. épigr.*, t. IV, p. 238.
(2) Cagnat, 1er rap., p. 100.

D(iis) m(anibus) s(acrum). Licinia Gallia vixit annis xxxi.
D(iis) m(anibus) s(acrum). Q(uintus) Pupus Balas, vixit annis lxxiii.

339. — En face de la maison de Sidi Ali ben Salah, près de
la voûte que l'on traverse en allant à Bab-el-Haouaret; bloc
brisé à gauche; lettres de 0 m. 035.

D M S
lICINIA RV
fULLA VIXIT
aNNIS LXXVI
H S E

D(iis) m(anibus) s(acrum). [L]icinia Rufufulla vixit [a]nnis lxxvi.
H(ic) s(ita) e(st).

340. —

P LICINIA
L F SATVR
NINA VI
XIT ANNIS
. . . . . .

P(ublia) Licinia, L(ucii) f(ilia), Saturnina vixit annis.....

341. —

Q LICIN
IVS FeLIX
CASPIA
NVS VIX AN
V H S E (1)

Q(uintus) Licinius F[e]lix Caspianus vix(it) an(nis) v. H(ic) s(itus)
e(st).

342. —

D M S
L LICINIVS
FORTVNA
TVS PIVS
VIXIT A
LXXXI H S E (2)

D(iis) m(anibus) s(acrum). L(ucius) Licinius Fortunatus pius vixit
a(nnis) lxxxi. H(ic) s(itus) e(st).

(1) *Bull. épigr.*, t. IV, p. 239.
(2) *Ibid.*

343. —   C LICINIVS..... (Voir lettre A, n° 25.)

344. —   LICINIVS
                          ROGATVS
                          PROCVLVS
                          VIXIT AN
                          . . . . . . (1)

Licinius Rogatus Proculus vixit an[nis...

345. —   D M S
                          L LICINIVS
                          L F QVIR
                          R V F U S
                          AEMILI
                          ANVS PI
                          TONIVS
                          VIXIT AN
                          XXXVII M
                          II II S E

D(iis) m(anibus) s(acrum). L(ucius) Licinius, L(ucii) f(ilius), Qui-
r(ina) (tribu), Rufus Aemilianus Pitonius, vixit an(nis) xxxvii, m(ensibus) ii. H(ic) s(itus) e(st).

346. —   D M S
                          LICINIVS
                          SATVRNIN
                          us vixit an
                          nis. . . MV   (M et V liés)
                          d XXVIII (2)

D(iis) m(anibus) s(acrum). Licinius Saturnin[us vixit annis...]
m(ensibus) v, [d(iebus)] xxviii.   •

347. —   LOCVS P   RIS AN
                          CL*aris*SIMAE PIISSI
                          MAE CASTISSIMAE
                          RARISSIMI ERGAMA
                          RITVM ADIECTVS

(1) *Bull. épigr.*, t. IV, p. 239.
(2) *Ibid.*, p. 240.

348. —
LVCRETIA
QVINTA
VIX ANIS L....
H S E

Lucretia Quinta vix(it) a(n)nis l..... H(ic) s(ita) e(st).

349. —
D M S
Q MANLIVS
VICTOR ANNI
ANVS VIXIT
PIVS
ANNIS XXV
M VIII H S E

D(iis) m(anibus) s(acrum). Q(uintus) Manlius Victor Annianus vixit pius annis xxv, m(ensibus) viii. H(ic) s(itus) e(st).

350. —
D M S
MARCELLA
... VIXIT ANN
is XLI

D(iis) m(anibus) s(acrum). Marcella ..... [vi]xit ann[is].... xli.

351. —
MAP.....
BERECA
PIATECIV
SAVIX
IT ANN
IS L......
H S

352. —
MARCIA M
F MARCELL
A VICX AN   (A et N liés)
LXV H S E

Marcia, M(arci) f(ilia), Marcella vix(it) an(nis) lxv. H(ic) s(ita) e(st).

353. —
D MARCI
VS C F QR
MARTIA
LIS VIX
ANNIS XXII   (1)

(1) *Corpus*, n° 1737 (copie différente).

9

D(ecimus) Marcius, C(aii) f(ilius), Q(ui)r(ina tribu), Martialis, vix(it) annis xxii.

354. — Dans une cour, près de Bab-el-Haouaret; lettres de 0 m. 045 (1).

```
        D M S
     MARIA FO
     RTVNATA
     VIXIT ANN
     IS LXXV
        h S E
```

D(iis) m(anibus) s(acrum). Maria Fortunata vixit annis lxxv. [H(ic)] s(ita) e(st).

L'inscription a 0 m. 35 de haut sur 0 m. 32 de large; la pierre est brisée en bas.

355. — Près du marabout de Sidi Bou Menzel, dans le cimetière arabe; cippe; lettres de 0 m. 05 dans un cartouche de 0 m. 59 de haut sur 0 m. 30 de large (2).

```
        D M S
     MARIA L F
       POLLA
       H S e
       V A XX
         VI
```

D(iis) m(anibus) s(acrum). Maria, L(ucii) f(ilia), Polla. H(ic) s(ita) [e(st)]. V(ixit) a(nnis) xxvi.

356. —
```
       MARISA
     VIX AN XXXV
       H S E
```
Marisa vix(it) an(nis) xxxv. H(ic) s(ita) e(st).

357. — Au cimetière chrétien de Ksar-er-Ghoul; cippe de 1 m. 45 de haut sur 0 m. 42 de large; lettres de 0 m. 04 à la première inscription, 0 m. 035 à la deuxième. Chaque inscription est entourée d'un cadre ayant 0 m. 42 de haut sur 0 m. 18 de large.

(1) Cagnat, 1er rap., p. 92.
(2) Ibid., p. 104.

D M S	D M S
Q V A D	MARTIALIS
RATVS	QVADRAT
FILOP	ACLORIVS
TIMVS	VIXIT ANNIS
VIXIT A	LXXXI
N XXVIII	H S E
H S E	

D(iis) m(anibus) s(acrum). Quadratus, fil(ius) optimus, vixit an(nis) xxviii. H(ic) s(itus) e(st).

D(iis) m(anibus) s(acrum). Martialis Quadrat(us) A(cl)orius vixit annis lxxxi. H(ic) s(itus) e(st).

Le *Bull. des antiq. afric.* (5ᵉ fasc., p. 291) cite ces deux textes et écrit à la 4ᵉ ligne du second :

ATORIVS

Nous croyons qu'il faut lire :

ACLORIVS

les deux lettres c et L nous ayant paru liées.

Le mot *annis,* donné en abrégé par le *Bulletin,* se lit tout en entier sur la pierre.

358. —

MELLA
RIA PRI
MA
V A L H
S E

Mellaria Prima v(ixit) a(nnis) l. H(ic) s(ita) e(st).

359. —

MEMMIA
M F COLVM
BALIA VIXIT AN
XXXI H S E

Memmia, M(arci) f(ilia), Columbalia, vixit an(nis) xxxxi. H(ic) s(ita) e(st).

360. —

MEMI...
MARCE...
VIXIT Anni
S XXX.....

Nem[mia?] Marce[lla?] vixit a[nni]s xxx.....

361. —
<pre>
         MEM A FOR
           TVNATA
           ΣλDE
             E
</pre>
Mem(mi)a Fortunata.....

362. —
<pre>
           D M S
        METRODORA
        QVALI MATRO
        NVI VIXIT AN
        NIS XXXIII MENS
         VIII DIB II (1)
</pre>
D(iis) m(anibus) s(acrum). Metrodora ..... vixit annis xxxiii, men-
s(ibus) viii, di(e)b(us) ii.

363. —
<pre>
           D M S
         MINVCIA
         ROGATVLA
         ANIS LXXI
</pre>
D(iis) m(anibus) s(acrum). Minutia Rogatula (vixit) annis lxxi.

361. —
<pre>
         MINVTIA;
       NATALIS VIX
       ANNIS V
</pre>
Minutia Natalis vix(it) annis v.

365. —
<pre>
         C MINVTIVS
         DEXTER VIX
         AN LXXXXI
           H D S (2)
</pre>
C(aius) Minutius Dexter vix(it) an(nis) lxxxvi. H(ic) d(epositus) e(st).

Les lettres ont 0 m. 035; l'inscription a 0 m. 18 de haut sur
0 m. 28 de large.

366. —
<pre>
         M MVNA
         TIVS M F
         QVIL ABRAX
         VIX AN
         XXXII H S E (3)
</pre>

(1) Cagnat, 2e rap., p. 69.
(2) Id., 1er rap., p. 38.
(3) *Corpus*, n° 1740.

M(arcus) Munatius, M(arci) f(ilius), qui (et) Abrax, vix(it) an(nis) xxxii. H(ic) s(itus) e(st).

367. —

D M S

Q MVSSIVS

VICTOR

POPILIANVS

PVVERSPIVS (sic)

VIXIT ANNIS

.....XII

.....IIII

H · S · E   (1)

D(iis) m(anibus) s(acrum). Q(uintus) Mussius Victor Popilianus, puer pius, vixit annis..... [mens(ibus).....]. H(ic) s(itus) e(st).

316. —

D M S

MVTIA

NVS SA

TVRNI

NVS V

ANNIS

XXXXIII

H S E

D(iis) m(anibus) s(acrum). Mutianus Saturninus v(ixit) annis xxxxiii. H(ic) s(itus) e(st).

369. —

D M S	D M S
NATALICA	Q IVLIVS
QVADRA	MA (2)
TI BALGI	(inachevée).
NAEIIII	

D(iis) m(anibus) s(acrum). Natalica, Quadrati (filia), Balgina.....
D(iis) m(anibus) s(acrum). Q(uintus) Julius.....

370. —

D M S

NATALIS

SATVRI FI

LIVS VIXIT

ANNIS LI

D(iis) m(anibus) s(acrum). Natalis, Saturi(i) filius, vixit annis li.

(1) *Corpus*, n° 1741.
(2) *Id.*, n° 1742.

371. —

Q NEMO
NIVS Q F
MAXIMVS
VIX AN LI
H S E (1)

Q(uintus) Nemonius, Q(uinti) f(ilius), Maximus, vix(it) an(nis) li. H(ic) s(itus) e(st).

372. —

NOMINA Sa
TVRNINa
VIXIT·ANNIS
XX

Nomina S[a]turnin[a] vixit annis xx.

373. — Au musée du Kef; lettres de 0 m. 015 (2).

D M S
NVMERIA
VICTORIA
VIX ANNIS
XXXXVII

D(iis) m(anibus) s(acrum). Numeria Victoria vix(it) annis xxxxvii.

La pierre a 0 m. 46 de haut sur 0 m. 28 de large.

374. —

D M S
OCTAVIA FO
RTVNATA
VIXIT AN
LXI

D(iis) m(anibus) s(acrum). Octavia Fortunata vixit an(nis) lxi.

375. — Sur une dalle, dans la cour de la mosquée de Bab-el-Cherfline; lettres de 0 m. 04.

D M S	D M S	
O.	OCTAVI	
R PIVS	*us*... PIVS	(P et I liés)
VIXIT	. . . .	
ANNIS	. . . .	
. . . .V	. . . .	
h. s. e.	. . . .	

(1) *Corpus*, n° 1743 (copie un peu différente).
(2) Cagnat, 2ᵉ rap., p. 70.

L'inscription, très effacée, est entourée d'un cadre dè 0 m. 50 de haut sur 0 m. 25 de large.

376. — Au Coudiet-el-Bomba; lettres de 0 m. 04 (1).

D M S
Q PACONIVS TENAX
FLORENTIANVS   (N et V liés)
VIX ANNIS III

D(iis) m(anibus) s(acrum). Q(uintus) Paconius Tenax, Florentianus, [v]ix(it) annis iii.

L'inscription a 0 m. 44 de haut sur 0 m. 36 de large.

377. —

PALPENIA
VENVSTA
L F Q VIX AN
VII H S E

Palpenia Venusta, L(ucii) f(iiia), Q(uirina tribu), vix(it) an(nis) vii. H(ic) s(ita) e(st).

378. —

PAPINIA M F
ROGATA VIX
ANN LXXXVI
H S E

Papina, M(arci) f(ilia), Rogata, vix(it) ann(is) lxxxvi. H(ic) s(ita) e(st).

379. — Dans une maison arabe, près de la mosquée de Bab-el-Cherfine; lettres de 0 m. 035.

D M S
PECVLI
ARIS VIX
ANN XXV
H S E

D(iis) m(anibus) s(acrum). Peculiaris vix(it) ann(is) xxv. H(ic) s(itus) e(st).

La pierre a une hauteur de 0 m. 80 sur 0 m. 69 de largeur.

(1) Cagnat, 1er rap., p. 46.

380. —

```
D M S
PERENNI
ASTATIA
DIANILLA
VIXIT ANN
XXXXV
H S E
```

D(iis) m(anibus) s(acrum) Perennia Statia Dianilla vixit ann(is) xxxxv. H(ic) s(ita) e(st).

381. — Trouvée au Kef par M. Héron de Villefosse; est actuellement au musée du Louvre (1).

```
Δ· M· Σ·
Π ΠΙΝΝΙΟΝΙΟΥ
ΣΤΟΝΒΟΥΛΕΥ
ΤΗΝ ΑΜΑΣΤΡΙ
ΑΝΟΝΝΟΜΙΚΟΝ
ΣΥΝΚΑΘΕΔΡΟΝ
Π. ΟΥΑΠΙΟΥΑΡΑ
ΒΙΑΝΟΥ ΑΝΘΥΠ
ΑΦΡΙΚΠΣΖΠΣΑΝ
ΤΑΕΤΗΑΖ
ΝΕΙΚΗΦΟΡΟΣ
ΟΘΡΕΠΟΣ
```

D(iis) m(anibus) s(acrum). Π. Πίννιον Ἰοῦστον, βουλευτὰν Ἀματτριανόν, νομικον συνκάθεδρον Π. Οὐλπίου Ἀραβιανοῦ ἀνθυπ(άτου) Ἀφρικᾶς, ζέσαντα ἔτη)ζ, Νικέφορος ὁ θρεπτός.

Consacré aux Dieux Mânes. A Caïus Pinnius Justus, sénateur d'Amatris, jurisconsulte, assesseur de Marcus Ulpius Arabianus, proconsul d'Afrique, mort à l'âge de 37 ans. Nicéphore son esclave.

Ainsi que l'a fait remarquer Léon Renier à propos de cette inscription, les gouverneurs des provinces joignaient à leurs fonctions administratives des attributions judiciaires fort étendues. Chargés de rendre la justice en dernier lieu, ils avaient, comme les préteurs à Rome, un conseil d'après l'avis duquel

(1) *Corpus*, n° 1640.

ils prononçaient leurs sentences. L'inscription ci-dessus nous
fait connaître un de ces assesseurs judiciaires, et ajoute en
même temps un nouveau nom à la liste des proconsuls d'Afrique.

On savait déjà. par une inscription d'Amastris, gravée l'an
136 de notre ère, qu'Ulpius Arabianus, après avoir été consul,
était devenu gouverneur de la Palestine; on peut en conclure,
avec L. Rénier, que ce personnage était originaire d'Amastris
et l'on s'explique alors comment il y avait pris un de ses
assesseurs.

« Une conséquence plus importante qu'on peut tirer de ces
« faits, ajoute L. Rénier, c'est que les assesseurs des gouver-
« neurs de province étaient nommés par eux. » Peut-être ce
savant et regretté maître est-il trop affirmatif. De nos jours, les
généraux, par exemple, choisissent leurs officiers d'ordonnance
mais ne les nomment pas. Les gouverneurs de province pouvaient donc choisir leurs assesseurs sans avoir pour cela le
droit de les nommer.

En rapprochant l'inscription du Kef de celle d'Amastris,
Léon Rénier place vers l'an 146 le proconsulat d'Ulpius Arabianus.

382. — Devant le consulat. Provient de chez les Ouled
Ouartan.

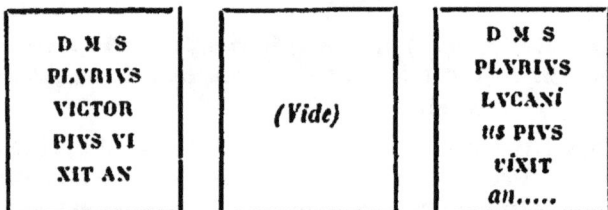

D M S		D M S
PLVRIVS		PLVRIVS
VICTOR	(Vide)	LVCANI
PIVS VI		us PIVS
XIT AN		vixit
		an.....

D(iis) m(anibus) s(acrum). Plurius (?) Victor pius vixit an(nis).

D(iis) m(anibus) sacr(um). Plurius (?) Lucan[ius] pius [vi]xit
[an]nis.....

Le chiffre des années n'a jamais été gravé.

Au-dessus de ces inscriptions sont trois personnages vêtus de
la toge. Une case placée sous le personnage central est restée
vide.

383. — Dans une maison appelée dar ben Zebli; lettres de
0 m. 045.

D M S

P N P O *(sic)*

NIVS FIL

D(iis) m(anibus) s(acrum). P[o]mponius.....

La pierre est brisée en bas, et le fragment a 0 m. 23 de haut
sur 0 m. 30 de large.

384. — Au camp de l'artillerie, à la casbah ; lettres de
0 m. 05.

D M S

PRIMIGE

NIA PIA

VIXIT

ANNIS

XXXIII

H S E

D(iis) m(anibus) s(acrum). Primigenia pia vixit annis xxxiii. H(ic)
s(ita) e(st).

L'inscription a 0 m. 50 de haut sur 0 m. 30 de large.

385. —

D M S

P PLCTIVS

FELIX VIX

ANNIS L...

D(iis) m(anibus) s(acrum). P(ublius) Plotius Felix vi[x(it)] annis
l.....

386. —

D M S

Q V A D

RATVS

FIL OP

TIMVS

VIXIT A

N XVIII

H S E (1)

D(iis) m(anibus) s(acrum). Quadratus, fil(ius), optimus, vixit an(nis)
xviii. H(ic) s(itus) e(st).

(1) *Bull. des ant. afric.*, fasc. v, p. 291.

387. —

RESTITVTVS

VIC AN III

H S E

Restitutus vic(sit) an(nis) iii. H(ic) s(itus) e(st).

388. —

ROGATVS

QVADRATI

FIL VIXIT AN XL

Rogatus, Quadrati fil(ius), vixit an(nis) xl.

389. — Sur un cippe, près de la Djemmaa de Sidi bou Lebda ; lettres de 0 m. 035 (1).

P RVTILIVS

RESTVTVS

VIXIT ANIS

XXI

H S E

P(ublius) Rutilius Restitutus vixit an(n)is xxi. H(ic) s(itus) e(st).

L'inscription est entourée d'un cadre carré de 0 m. 27 du côté.

390. —

SALLVSTA

PROCVLA

VIX ANIS

LXXV H S E

Sallusta Procula vix(it) an(n)is lxxv. H(ic) s(ita) [e(st)].

391. —

SATVrnina

MONTANA

PIA VIXIT AN

IS LXXXV

Satu[rnina] Montana pia vixit annis lxxxv.

392. —

SECVNDA CETE

RIS F VIXIT

ANNIS XXXXIII

H S E

Secunda, Ceteris f(ilia), vixit annis xxxxiii. H(ic) s(ita) e(st).

(1) *Corpus*, n° 1750 (avec la formule D. M. S.).

393. — Au cimetière juif, sur la tombe d'un rabbin; lettres de 0 m. 015 (1).

d m s	D M S
SATVRNI	SVCCIS . RI
nus IIICI	.ITATI.....
ESDINVS	. . . .
TRIS.. IO..	VIXIT ANNIS
vIXIT ANNIS	LXVI II S E
LXVII	
meNSIBVS	

[D(iis) m(anibus) s(acrum)]. [Sa]turni(nu)s..... (vi)xit annis lxvii, [me]nsibus.....

D(iis) m(anibus) s(acrum). ...... vixit annis lxvi. H(ic) s(itus) e(st).

L'inscription, très effacée, a 0 m. 63 de haut sur 0 m. 43 de large.

394. — Dans la cour de la mosquée, près de Bab-el-Cherfine; lettres fort effacées de 0 m. 045 dans un cadre de 0 m. 46 de haut sur 0 m. 17 de large.

d m s	d m s
. . . . .	 V
. . . . .	secuNDI
. . . . .	nus......
vixit	vixit
annis	annis
LV	LXXV

395. — A Ksar-er-Ghoul, près de la maison du garde, cippe brisé en haut; lettres de 0 m. 04 (2).

D M S
Q ' SEMPRONIVS
RVFINVS POMP
ONIANVS VIX
ANNIS XX
H S E

(1) Cagnat, 1er rap., p. 45.
(2) Bull. des ant. afric., t. II, p. 29.

D(iis) m(anibus) s(acrum). Q(uintus) Sempronius Rufinus Pomponianus vix(it) annis xx. H(ic) s(itus) e(st).

L'inscription est entourée d'un cadre de 0 m. 43 de haut sur 0 m. 33 de large.

396. — Prés de la porte d'el Haouaret, dans la rue ; lettres de 0 m. 03 (1).

```
        SERVILIA C F
          VENVSTA
            VIX AN
          XXXX H S E
```

Servilia, C(aii) f(ilia), Venusta vix(it) an(nis) xxvx. H(ic) s(ita) e(st).

L'inscription a 0 m. 27 de haut sur 0 m. 40 de large, la pierre, arrond.e à sa partie supérieure, est enfoncée dans le sol.

397. — Au cimetière chrétien de Ksar-er-Ghoul, sur un cippe brisé en haut ; lettres de 0 m. 065, fort belles (2).

```
          D M S
         SEXTILI
       VS C F PAN   (A et N liés)
        LVCAVNA
```

D(iis) m(anibus) s(acrum). Sextilius, C(aii) f(ilius),.....

398. —

```
          D M S
          SEXTV
          S IVLI
          VS LV
          CIFER
         VIXIT A
          NNIS
         LXXV (3)
```

D(iis) m(anibus) s(acrum). Sextus Julius Lucifer vixit annis lxxv.

(1) *Corpus*, n° 1752.
(2) *Bull. des cnt. afric.*, t. I, p. 291.
(3) Guérin, p. 71.

399. — Au Coudiet-el-Bomba, sur un beau cippe; lettres de
0 m. 05 (1).

```
      D M S
    SEX IVLI
    VS VRSV
   S FELICIA
   NVS VIX
   AN XXXIX
```

D(iis) m(anibus) s(acrum). Sex(tus) Julius Ursus Felicianus vix(it)
an(nis) xxxix.

L'inscription a 0 m. 85 de haut sur 0 m. 40 de large.

400. — Au cimetière juif; cippe de 1 m. 22 de haut sur
0 m. 48 d'épaisseur, brisé à droite; largeur du fragment :
0 m. 16; lettres de 0 m. 052; gutturnium sur l'une des faces (2).

```
    D M |s
    SEX|tus
    POM|peius?
    DAT|us vi
   XIT A|nnis
   XXXX|.....
      II|s e
```

D(iis) m(anibus) [s(acrum)]. Sex[tus] Pom[peius?] Dat[us] vi]xit
a[nnis] xxxx.... H(ic) [s(itus) e(st)].

Le *Corpus* re...itue *Pom[ponius]*, ce nom nous paraît trop long
pour avoir pu exister sur la pierre.

401. — Au cimetière juif; cippe de 1 m. 57 de haut sur 0 m. 39
de large; lettres de 0 m. 05, n'occupant que la partie supérieure
d'un cadre de 0 m. 52 de haut sur 0 m. 35 de large (3).

```
      D M S
   SEXTVS PO
  MPONIVS vix
    IT AN XX
     H S E
```

D(iis) m(anibus) s(acrum). Sextus Pomponius vi[x]it an(nis) xx.
H(ic) s(itus) e(st).

(1) Cagnat, 1er rap., p. 47.
(2) *Corpus,* n° 1748.
(3) *Id.,* n° 1749.

402. —

STATIA
IVLA VIXI
T ANNIS
XCVII H S E

Statia Jul(i)a vixit annis lxxxxvii. H(ic) s(ita) e(st).

403. —

SEMPRONIA
. . . .
. . . .
. . . .
H S e

Sempronia.....

404. — Au cimetière juif; cippe; lettres de 0 m. 045 (1).

(Illisible)	D M S
	SV . IISSACRIS
	. INIA
	VIXIT ANNIS
	LXVI H S E

D(iis) m(anibus) s(acrum). Su[c]essa? Cris[p]inia vixit annis lxvi. H(ic) s(ita) e(st).

405. — L'inscription a 0 m. 90 de haut sur 0 m. 40 de large.

TERENTIA
MAVRA
VIX A XX

Terentia Maura vix(it) a(nnis) xx.

406. — Sur le seuil de la chapelle de Ksar-er-Ghoul; lettres de 0 m. 05.

	D M S
	TIBERIA
	SALVIA
	VIXIT
	ANNIS
	LXXXXI
	H S E

D(iis) m(anibus) s(acrum). Tiberia Salvia vixit annis lxxxxi. H(ic) s(ita) e(st).

(1) Cagnat, 1er rap., p. 44.

407. — Dans la rue conduisant de Bab-el-Hani à Bab-el-Haouaret, près de la fontaine romaine ; lettres de 0 m. 055 (1).

> D M S
> V L p I A
> M A R C E
> LA VICS
> A N N I S
> LXXIIII
> H S E

D(iis) m(anibus) s(acrum). Ul[p]ia Marcel(l)a vics(it) annis lxxiiii. H(ic) s(ita) e(st.)

La pierre est grossière et mal taillée, elle a 0 m. 85 de long sur 0 m. 30 de large. Les L ont dans l'inscription la forme d's, et les A la forme ʌ.

408. — Au musée du Kef, provenance exacte inconnue.

> VALERI|a
> F PICA VI|x a
> XXXV II|s. e.

Valeri[a],...... f(ilia), Pica, vi[x(it) a(nnis)] xxxv. H(ic) [s(ita) e(st)].

409. —

> D M S
> VALERIA
> C O I V
> GA FIDE
> MINISTRA
> VIXIT AN XXX
> H S E (2)

D(iis) m(anibus) s(acrum). Valeria, co(n)iuga fide ministra, vixit annis xxx. H(ic) s(ita) e(st).

410. —

D M S	D M S
VALERI	VALERI
A SATVR	A MELI
NINA	TANA
VIXIT	VIXIT
ANNIS	ANNIS
XXVII	XXII
H S E	H S E

(1) Cagnat, 1er rap., p. 31.
(2) *Corpus*, n° 1757, (copie un peu différente).

D(iis) m(anibus) s(acrum). Valeria Saturnina vixit annis xxvii. H(ic) s(ita) e(st).

D(iis) m(anibus) s(acrum). Valeria Melitana vixit annis xxii. H(ic) s(ita) e(st).

411. —

> VALERI
> VS AVSILI
> VS VICSIT
> (N et I liés)   ANIS LXXXV

Valerius Ausilius vicsit a(n)nis lxxxv.

412. — Au Coudiet-el-Bomba :

> C VALERIVS
> C F Q RVFVS
> V A XLIII
> H S E

C(aius) Valerius, C(aii) f(ilius), Q(uirina tribu), Rufus, vixit a(nnis) xliii. H(ic) s(itus) e(st).

L'inscription a 0 m. 30 de haut sur 0 m. 25 de large. Les lettres ont 0 m. 035.

413. —

> D M S
> VALERIVS
> VICTOR VIX
> ANNIS LXIII

D(iis) m(anibus) s(acrum). Valerius Victor, vix(it) annis lxiii.

414. —

> M S D
>
> | VENENA | VICTO |
> |--------|-------|
> | VIXIT | VIXIT |
> | ANNIS | ANNIS |
> | LXXXV | LXXV |
> | H S E | H S E |

M(anibus) s(acrum) d(iis).

Venena vixit annis lxxxv, H(ic) s(ita) e(st).

Victo(r) vixit annis lxxv. H(ic) s(itus) e(st).

10

415. —

D M S
VENERIA
VIXIT AN
LXXX

D(iis) m(anibus) s(acrum). Veneria vixit an(nis) lxxx.

416.

D M S	D M S
VIBIVS FES	VIBIA
TVS CVNILIA	PRIM
VIXIT ANNIS XXIII	TIVA
H S E	VIXIT
	ANNIS LXV

D(iis) m(anibus) s(acrum). Vibius Festus Cunilia vixit annis xxiii. H(ic) s(itus) e(st).

D(iis) m(anibus) s(acrum). Vibia Prim(i)tiva vixit annis lxv.

417. —

VICTO
R VIXIT
ANNIS
LXV
H S E

Victor vixit annis lxv. H(ic) s(itus) e(st).

418. —

VICTORIA
AVANIA
VIXIT...
. . . . . .

Victoria Avania vixit .....

419. — Dans une rue, près de la mosquée que l'on rencontre en se rendant de la place Logerot au Dar-el-Bey; lettres de 0 m. 03.

VICTORIA
VIXIT
LXXX
H S

Victor[i]a vixit annis lxxx. H(ic) s(ita) [e(st)].

420. — Dans une rue, en face de la maison de Sidi Amar ben Frechi, sur un fragment de cippe.

VICTORI
..... VIXIT
annis LXXX
H

Victori[us(?)] vixit [annis] lxxx. H(ic) [s(itus?)] e(st)].

Malgré son analogie frappante avec la précédente, cette inscription en est tout à fait distincte. Nous les avons vues toutes deux.

421. — Au cimetière arabe de Sidi bou Menzel, sur un cippe (1).

D M S
VITRVVI
A MAR
CELLA VI
XIT AN
VIIII
H S E

D(iis) m(anibus) s(acrum). Vitruvia Marcella vixit annis ix. H(ic) s(ita) (est).

Les lettres ont 0 m. 04; l'inscription a 0 m. 33 de haut sur 0 m. 28 de large.

422. — Sur la route du Kef à Tunis, au bas de la rampe conduisant à la ville; cippe (2).

D M S
VITRVVIA
SPONDE
VIXIT AN
LXXV
H S E

Diis) m(anibus) s(acrum). Vitruvia Sponde vixit an(nis) lxxv. H(ic) s(ita) e(st).

(1) Cagnat, 1er rap., p. 49.
(2) Id., p. 45.

423. — Dans le cimetière arabe de Sidi bou Menzel (1).

SEX VITRVVI
VS Q F
QVIR P. N. R
CHI VS VI
XIT AN
NIS LVIIII

[D(iis) m(anibus) s(acrum)]. Sex(tus) Vitruvius, Q(uinti) f(ilius), Quir(ina tribu), P[a]n[a]rchius (?) vixit annis lxiiii.

L'inscription a 0 m. 40 de haut sur 0 m. 30 de large; les lettres ont 0 m. 04.

424. — Sur une pierre tumulaire brisée.

VOLVSSIA
.....ADEIA

Volussia.....

425. —

D M S
VOMANTVS
CERMATIVS
VIXIT ANNIS
XXXII H S *e*

D(iis) m(anibus) s(acrum). Vomantus Cerma(n)tius vixit annis xxxii. H(ic) s(itus) [e(st)].

CHAPITRE IV.

Fragments d'inscriptions tumulaires très incomplets
ou de lecture douteuse.

426. — Au musée, provenance inconnue; lettres de 0 m. 03.

antonivs
posivmvs
vixit annis

427. — Dans la cour de Dar-el-Bey.

H S E

428. —

D M S
CIVNIVS
vixit
ANNIS
. . . .

(1) Cagnat, 1er rap., p. 48.

429. — Au cimetière juif (1).

.....CVS
PIVS VIXIT
ANNIS XXXII

430. — CLARII

431. — GI . N . NVS
VIXIT ANNIS
XXXX . II I S

432. — D M S
CESONIVS
T L DIN VI
XIT ANIS
LXXI

433. — D M S
EMINID..T
MA NV
LXXXV

434. — ...AS FILIA D
........VIX

435.— AEMIL*ius* ?
VIX A*nnis*
II *s e*

436. — Sur un fût hexaèdre
debout dans une cour près de
la Djemaâ de Sidi Hamza;
lettres de 0 m. 045.

H S E

Ce bloc servait sans doute
de base à un cippe qui a dis-
paru.

437. — IALS VIX
LXVIII MVDX
II S E

438.— *annis* XIIII
II *s e*

439.— ....
M...AL....
Q F SATVRNINVS
VALV II S EST

.... Q(uinti) f(ilius), Saturninus, v(ixit) a(nnis) lv. II(ic) s(itus)
est.

440. — D M S
LIRI
IV
RM

441. — D M S .
M MADA
LVLIA v*ixit*
a*n*nis XXXIII

442. — NICE
VIXIT
ANNIS
XLIII
II S E

443. —

d m s	D M S
....	....
....	vi
NA	*xi*T AN
TI	NIS
FIL	XV
VA	II S E
NXX	
VI	

444. — *d* M s
iulivs

445. — *d* M s
O
LII

416. — D M S
ORO
VIXIT ANI
XXIII

447. — A Dar-el-Oukil, sur un pavé; lettres de 0 m. 05.

vixit
AN LV PO

448. — Dans l'intérieur de la mosquée de Mohamed-ben-Ali; lettres de 0 m. 04.

D M S
NEMON*ius*
VIX ANN*is*
XXX
h s e

449. — Cippe près de la porte d'el Haouaret (1).

.......N........
.....RE........
...O VIXIT...
ANNIS LXII...
H S E

450. — O M I
I T I T
NIS XXII
H S.E

451. — ....
PIVS VIXIT
ANNIS LXXV
H S E

452. — Près de la fontaine romaine, sur un pavé de la rue; lettres de 0 m. 04.

d m s
*victo*rivs
VICSIT
annis XXX
h s e

453. — ....
PIA VIXIT
ANNIS
XXXVI

454. — ....
PA*r*EN*t*
ES POSVE
RV*nt*

455. — D M S
*victo*riA
VIX ANN IIII

456.— *victo*rivs vix*it*
*a*NNIS XXI

457. — R V I
VAIT
a*n*NIS X

458. — D M S
....S....
pius vix*it*
annes LXXXI
h s E

459. — *d* M s
CRANIA
CAECILIA
SA VIXIT (T et I liés)
ANN XXXI
H S E

460. — RVPIAC...
IANA...
LXXI

461. — .....SLI
VIXIT
annis LIII
H S E

462. — D M S
...S...
...CVS
annis
XVII

463. — SATVRNInVS
VIX ANnis
CIXX

464. — XVII
H S E

465. — Au Coudiet el Bomba; lettres de 0 m. 035.

XXXX
H S E

466. — D M S
T.....ANI
........LS
.....R FILI
...S VIXIT
ANNIS
...XXI MVI
H S E

467. — VINCEN
TZAIA
VIXIT
ANNIS
N̄ LX

(1) Cagnat, 1er rap., p, 35.

468. — VRTIIARV
V

469. — D M S
....
....
VIXIT
XXXXVI
HIC S E

470. — VALER

471. — .....LAPIA
vix ANNIS LXX
MENSE VNO
DIEBVS XV

472. — Dans une maison (café de Zama), près de Bab-el-Haouaret (1).

D m s...	D M S
CGI.......	...OIV. VI
NIVS.....	.....I.....
QVir.....	....vixit
VIXIT ann	annis LXXIX
IS LXI...	H S E

L'inscription a 0 m. 55 de haut sur 0 m. 40 de large; les lettres ont 0 m. 06.

473. — Au même endroit; lettres de 0 m. 03.

XXX
DIS Man sac

474. — Dans une cour, près de Bab-el-Haouaret; lettres de 0 m. 05 sur un bloc fruste de 0 m. 50 de haut et 0 m. 25 de large.

H S E

475. — Place Logerot, sur un pavé, près du Hammam; lettres de 0 m. 03.

...A...
LARA
vix ANN
II S E

Le bloc a 0 m. 35 de long sur 0 m. 25 de large.

476. —   M.....
VIXIT
anXis
....

477. — M P.....PIS
R..............
CATVS VIXIT
ANV II S
DNOR

478. — Dans la mosquée de Sidi Mohamed-ben-Ali; lettres de 0 m. 075.

......LCII......
....I QVIR....
...VERRESPY
...VIXIT AN..

479. —   D M S
L. EMILI
CVDV
LVS VI
CXIT AN (A et N liés)
NIS XXX

480. — Provenance inconnue; lettres de 0 m. 06.

D M S
M R D   (sic)
VIX AN LX

CHAPITRE V.

Marques de potiers.

481. — IVLIANI

482. — COPPIRES (1)

483. — EX OFFICINA
SAPIDI

Ex officina Sapidi(i).

484. — CLO · heli? (2)

485. — EX OFFICina
NVNDi
NARI

Ex offic[ina] Nund[i] nari(i).

486. — L. MVNSVeg (3)

487. — C POMPO

C(aius) Pompo(nius) (fecit).

(1) *Corpus*, n° 10478-32.
(2) *Ibid.*, n° 10478-6.
(3) *Ibid.*, n° 10478-26.

CHAPITRE VI.

Édifices anciens.

Dans son *Deuxième Rapport sur une mission en Tunisie,* M. Cagnat a donné l'énumération suivante des anciens édifices du Kef :

A. — En dehors des murs de la ville, à l'est.

« 1° Des citernes. — Elles sont au nombre de onze. Chacune d'elles a 6 m. de largeur sur 25 m. de longueur et 5 m. environ de hauteur.

« 2° Une chapelle chrétienne appelée par les indigènes Ksar-er-Roul. M. Berbrugger qui l'a vue dans un meilleur état qu'elle n'est aujourd'hui en donnait le plan suivant :

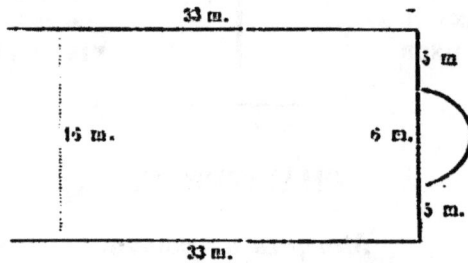

Il ajoutait : « Ce monument à fond d'abside présente la forme d'une église ; il est construit en grandes pierres de taille et est composé de matériaux de toute sorte, même d'inscriptions. On y remarque des fûts de colonnes en beau marbre blanc veiné de bleu (1) ».

« 3° Un conduit aboutissant à un bassin circulaire ; les traces en sont très visibles et je les ai suivies sur une centaine de mètres.

« 4° Un édifice qui pourrait avoir été un théâtre. On y distingue les restes d'un hémicycle, et à quelques pas de là gisent à terre des fragments de colonnes d'ordre ionique.

(1) *Revue africaine,* 1, pp. 269 et suiv.

B. — Dans l'intérieur des murs.

« 5° Une basilique chrétienne. — C'est avec la fontaine le monument le mieux conservé du Kef. L'entrée en est obstruée par des constructions arabes en ruines, mais la nef est encore parfaitement conservée. (Elle sert d'écurie actuellement.) — Sur le mur extérieur est représentée une croix grecque avec une couronne, à droite une branche de grenadier avec ses fruits, à gauche une branche d'olivier (?) (1).

« La maison où elle se trouve porte le nom de *Dar el Kaus*. On y voit des fragments d'inscriptions qui sont entrés dans la construction de la basilique.

« 6° Un édifice bâti en grosses pierres de taille et en blocage et dont il est impossible de déterminer la nature. C'est, je pense, ce que M. Berbrugger appelle *Aïn Adjema*. La tradition qui en fait une ancienne fontaine n'est pas acceptable.

« 7° Les murs de fondation d'une maison avec citernes.

« 8° Un monument dont il ne reste plus que deux pièces voûtées et un mur.

« 9° Une fontaine monumentale qui se compose d'un bassin divisé en plusieurs pièces couvertes et qui donne accès à un grand canal souterrain par où l'eau arrive en grande abondance. Un auteur arabe prétend qu'un cavalier peut s'y promener à cheval, la lance haute, sans risquer d'atteindre la voûte. « La « vérité est, dit M. Berbrugger, qu'à une certaine distance, « cette voûte s'abaisse au point qu'on est obligé de se courber « pour passer. Après ces passages assez courts, on rencontre « d'autres parties très élevées ».

« 10° Deux pans de mur construits en grand appareil. L'un d'eux est flanqué d'un bastion. La position de cet édifice en haut de la ville était fort bien choisie pour une forteresse.

« 11° Quelques restes de murs près d'un marabout. »

Nous compléterons cette énumération par quelques notes personnelles.

1° *Citernes romaines.*

Les citernes sont, il est vrai, au nombre de onze, mais il ne reste plus que bien peu de chose de l'une d'elles, celle qui se

---

(1) Rapprocher Renan, *Mission de Phénicie*, p. 368.

trouvait la plus voisine du mur d'enceinte. La voûte en est effondrée et les matériaux disparus. Toutes ces citernes communiquent entre elles par une brèche pratiquée suivant une ligne de rupture générale qui s'est probablement produite à la suite de quelque tremblement de terre ou d'un affaissement du sol.

Des fouilles que nous avons fait pratiquer au nord et à quelques mètres de la dernière citerne nous ont démontré l'existence d'un bassin couvert, de 4 mètres 50 cent. de long sur 3 mètres de large, dans lequel les eaux étaient conduites par un canal qui venait déboucher à 1 mètre 50 cent. au-dessus du fond. Une deuxième ouverture pratiquée dans les mêmes conditions amenait l'eau aux citernes. Une porte s'ouvrait sur le côté de la construction. Il est hors de doute qu'il ne faut voir là qu'un réservoir où les eaux, avant de pénétrer dans les citernes, venaient déposer les impuretés qu'elles pouvaient contenir. Ce réservoir pouvant être facilement et fréquemment nettoyé, l'inconvénient de l'agglomération des matières terreuses ou des corps étrangers dans les citernes était sinon détruit, du moins considérablement atténué.

Il y a lieu de supposer que les Romains recueillaient dans les citernes toutes les eaux des diverses sources qui coulent encore sur le versant sud de la chaîne du Dyr et se perdent dans les terres pour la plupart.

2° Chapelle chrétienne de Ksar-er-Ghoul.

De l'édifice décrit par le colonel Berbrugger il ne reste plus aujourd'hui que l'abside et les fondations latérales. On a construit sous l'abside une chapelle enterrée qui n'a guère servi que pendant quelques mois.

MM. Guérin et Cagnat désignent sous le nom de « chapelle chrétienne » l'édifice décrit par le colonel Berbrugger; nous ne croyons pas pour notre compte que cette désignation soit très exacte, car nous ne pensons pas que cet édifice ait été construit pour être spécialement affecté au culte. Il se peut qu'à une certaine époque on l'ait transformé en basilique chrétienne, mais son origine nous paraît être complètement païenne.

Autour de l'édifice de Ksar-el-Ghoul sont dispersées une assez grande quantité d'inscriptions tumulaires païennes; plusieurs pierres tombales du cimetière israélite voisin en proviennent, et toutes les fouilles que l'on y pratique amènent la découverte de cippes nouveaux. Les environs de Ksar-el-Ghoul paraissent donc avoir servi de cimetière à l'époque païenne. Mais aucune inscription chrétienne n'y ayant été découverte, nous avons tout lieu de croire qu'il n'en fut pas de même plus tard.

3° Basilique chrétienne de l'intérieur de la ville.

Tout le monde est à peu près d'accord sur la destination de cet édifice qui très certainement a été construit à l'époque chrétienne, probablement sur les ruines de quelque monument romain. Les architraves des portes sont formées par de gros blocs de pierre portant des inscriptions païennes, et si le Kef possédait plusieurs basiliques, il est permis de supposer que celle qui nous occupe devait être placée au premier rang, car ses dimensions sont relativement considérables.

La basilique est habitée aujourd'hui par une pauvre femme arabe, veuve et déjà vieille. Il serait à désirer qu'à sa mort les quelques murailles modernes qui existent encore fussent enlevées et que les ruines de l'édifice fussent un peu mieux respectées qu'elles ne l'ont été jusqu'ici.

4° Fontaine monumentale.

Ainsi que la décrit M. Cagnat, la fontaine romaine du Kef se compose d'une assez grande construction voûtée divisée en plusieurs salles communiquant toutes entre elles. L'une d'elles se prolonge par un bassin à l'air libre dans lequel les porteurs d'eau de la ville viennent remplir leurs peaux de bouc. L'eau arrive dans la fontaine par un canal qui débouche à 1 mètre environ au-dessus du niveau des bassins. Le conduit est partagé à son ouverture par un pilier de 0 m. 35 de large, et a 1 m. 20 de largeur environ sur 0 m. 40 de hauteur. Au delà de ce pilier la hauteur du canal augmente et finit par atteindre 0 m. 90 et même plus encore en certains endroits.

La température de l'eau est à peu près constante dans les diverses saisons. On ne sait où est située la source qui alimente la fontaine, mais peut-être faudrait-il la chercher sur le versant sud du Dyr. Bien que les Arabes aient cette fontaine en très

grande vénération, et qu'à certaines époques ils en purifient les
eaux en faisant brûler des parfums dans des débris de vases
placés sur les rebords des piliers, les divers bassins se trouvaient
dans un état de malpropreté inconcevable lorsque les troupes
françaises firent leur entrée au Kef.

En outre des restes dont nous venons de parler nous citerons
encore :

1° *Un amphithéâtre*, situé en dehors de la ville actuelle, à l'est
de la route de Ghardimaou et à quelques mètres du mur d'enceinte.

Les fouilles qui en ont amené la découverte ont été exécutées
sur l'ordre de M. le général d'Aubigny, auquel on devait déjà
la création de la Société archéologique du Kef. La forme du monument était elliptique ; son grand axe mesurait environ 100 m.,
son petit axe 80 m. Les constructions présentaient une profon-
deur de 30 m. environ, de sorte que l'ellipse intérieure de
l'amphithéâtre devait avoir comme axes 70 m. et 50 m. On a
retrouvé les restes de quelques gradins, mais l'état de conser-
vation général était des plus mauvais. Très vraisemblablement il
n'existait que les fondations de l'amphithéâtre et ces fondations
viennent même de disparaître en partie. Les gros blocs de
pierre qui les formaient ont servi à construire des casernes.

2° *Un théâtre*, dont il ne reste plus aujourd'hui que les fondations découvertes en 1884 par M. Roy.

Nous ne terminerons pas notre travail sans énumérer les
principaux fragments de sculptures qui ont été découverts au
Kef. Ce sont :

1° *Une magnifique tête, d'époque romaine*, trouvée dans les
jardins de la ville. Elle fait partie de la collection particulière
de M. Roy.

2° *Une frise avec décorations* sur laquelle deux chimères se
faisant face paraissent garder une urne funéraire ou quelque
autre dépôt précieux. Cette frise est dans les jardins, près de la
nouvelle porte.

3° *Deux autres frises* avec feuilles décoratives et rosaces, situées toutes deux parmi les ruines de la basilique chrétienne.

4° Une pierre portant une *Croix byzantine* entourée d'une couronne de palmes, et deux branches d'arbre dont il est difficile de préciser la nature. Cette pierre est de même à la basilique chrétienne à laquelle elle a peut-être appartenu.

5° *Deux frises avec décorations* (feuilles et rosaces), situées aux ruines romaines de Dar-ben-Zebli.

6° *Une colonne ionique* provenant de l'ancien théâtre romain.

7° *Une colonne corinthienne*, trouvée au Kef, près de la casbah, et faisant partie d'un ancien monument dont il ne reste plus aujourd'hui que quelques ruines confuses.

8° *Une seconde colonne corinthienne*, découverte en creusant les fondations d'une maison européenne située entre la fontaine romaine et le château. Elle doit être encore dans la cour de cette maison.

———————

Nous voici arrivé au terme de l'étude que nous avons entreprise, mais est-il besoin d'ajouter que nous n'avons pas la prétention d'avoir *tout dit* et que le champ demeure très vaste aux chercheurs à venir?

Pour notre compte, nous avons été plus que payé de nos peines par la satisfaction que nous avons éprouvée, et nous ne pouvons que souhaiter sincèrement de voir aboutir plus que les nôtres encore, tous les nouveaux efforts qui seront tentés.

APPENDICE

—

Quelques inscriptions que nous n'avons pas retrouvées au Kef figurent au tome VIII du *Corpus inscriptionum latinarum*. Ce sont les suivantes :

488. — « Keff, in ara : CERERI | AVG · SAC | VALERIA | SATVRNINA | SACERDOS | MAIOR FLA | MINICA PO | SVERE.

« Cereri Aug(ustae) sac(rum). Valeria (malim Valeriae) Saturnina. Sacerdos, Maior Flaminica posuere. » N° 1623.

489. — « Keff, in fragmento litteris magnis : ...NAE REDVCI AVG | ...AVRELI.... BENENE. » N° 1624.

490. — « Dans une maison, sur la porte d'un temple : HER-CVLI SACRVM | M· TVTICIVS· PROCVLVS· PROCVRATOR AV-GVSTI SVA· PECVNIA· FECIT. » N° 1625.

491. — « Borne située près d'une porte ancienne du Kef : IOVI SACRVM | C· CAS/// M//I/ | PROCVRATOR | AVGVSTI SVA | PECVNIA FECIT. » N° 1627.

492. — « Le nom de Cirta nova se trouve dans une inscription inédite recueillie au Keff par James Bruce : ..... | POT.... | FILIO DOMINI NOSTRI | IMP CAES P LICINI VALE | RIANI PII FELICIS AVG | COLONI COL IVL VENE | RIAE CIRTAE NOVAE SIC | CAE DD PP

« (D(omino) n(ostro) imp(eratori) Caes(ari) P(ublio) Licinio Gallieno, pio felici, aug(usto), pont(ifici) max(imo), trib(unicia)] pot(estate) [...co(n)s(uli)... p(atri) p(atriae), proco(n)s(uli)] filio domini nostri imp(eratoris) Caes(aris) P(ublii) Licini(i) Valeriani, pii, felicis, aug(usti), coloni col(oniae) Jul(iae) Veneriae Cirtae novae Siccae. D(ecreto) d(ecurionum), p(ecunia) p(ublica). » N° 1632.

493. — « M· FLAVIO | M· F· SABARRO | VET*lio* SEVE | RO G v *procos* | PROV*inc* AFRI | CAE *dd. pp.* » N° 1639.

494. — « El Kef, in ara: D· M· S· | IVLIO CASTO ARMORIA | NO EQVITI ROMANO CV | BERNIO VIXIT ANNIS | XVII IVLIVS FORTVNA | TVS ARMORIA | NVS CVBERNIVS | ET HOMVLIA SATVR | NINA PARENTES | LOCVS DATVS A | IVLIO IANVARIO | PARENTE SVO. » N° 1643.

495. — « El Kef, in curte domus Judaïcae prope *Dar el Kus* in cippo sexagonali: D· M· S· | SEX· LAELIVS | HONORAT | VS TERMINI | ANVS· HON | EQVI· R· VIXIT | ANNIS LXV | V· OR-NATVS | H· S· E.

« 5-6, male scribitur *hon(oratus) equi(te) r(omano)* pro eo quod est *hon(oratus) equo p(ublico)*]. [HON(ore) EQVI(tis) R(omani) ORNATVS postea adiectum videtur loco non suo, v autem 8 in. male repetitum. TH. M.] » N° 1644.

496. — « Keff in ara: D M S | GLVCV..... | ..AVR...... | ...LFC.. VII F AVG | VIXIT | ANNIS XLI..... | H S E.

« 4, erit [*mil(es) l(eg)(ionis)* VII·I] *Aug(ustae).* » N° 1645.

497. — « El Kef in cippo: VINDEMAN | ILIA SACERDO | IS VIXIT A | NNIS LXXV | H S E. » N° 1650.

498. — « En el Quef: AELISEVS· FILIVS | CORNELI EREXIT | AEDEM· ANNO | CXXVI | DIE· IX· MARTI.

« Titulus sepulcralis videtur esse male lectus et tam foede interpolatus, ut rectius fortasse inter spurias reiceretur. » N° 1656.

499. — « El Kef, in ara fracta: D M S | CAEMP... | LITTIO... | VIX AN... H S E. » N° 1660.

500. — « Kef, in ara: D· M· S· | L· ANNI | VS· RVFVS | MAXIMIA | NVS· VIXIT | ANNIS XXIII | H· S· E. » N° 1664.

501. — Cheff fuori della città nel cemeterio: D M S | ANTIS | TIA | L FIL | ZOSI | ME VIX | ANNIS | LXX | H· S· E. » N° 1666.

502. — « El Kef, in cippo: D· M· S | C· ANTONI | VS TARA-TARA | PIVS· VIXIT· AN | NIS· XVIII.

« Lectio certa est. » N° 1672.

503. — « El Kaf: AQVILTAE SEX FIL SALVIANILLAE | AOR... VRIN...... IAVILLIQVA | ...ORATI....... | ...ATICA..AVRINATIO | ...VIO... AFII POMP | ...O... AVINIO..VA | QIVIR.....DRAIONIR | ...CII..OPARVI. » N° 1675.

504. — « El Kaf: D· M· S· | AVATIA | VICTOR | IA OVIT |
MONNA | VOCITAE | VIX· ANNIS XX.

« D. m. s. Avatia (?) Victoria [q]ui (*sic pro* quae) [e]t Monna vocita
[ta] e(st) vix(it) annis xx. » N° 1679.

505. — « El Kef, in ara : D· M· S | T· AVIANI | us MES | SOR
FILI | us VIXIT | XXI· M· VI | H· S· E. » N° 1681.

506. — Cheff, fuori dellà città nel cemeterio : L. CAIE CIN |
VS VICTO | R VIXIT A | NIS XXXV | H. S E.

« L. 1. *Caecilius? Calicius ?* » N° 1684.

507. — « El Kef, in ara : D· M· S | C· CALPVR | NIVS. SATV |
RVS· ROGA | TIANVS | VIXIT· AN | NIS· XXXVII | H· S· E. »
N° 1685.

508. — « Keff : D M S | Q CASSIO | Q· F· QR SA | TVRNINO |
V· AN· V... | » N° 1686.

509. — « Kef, in cippo : D. M. S | P CASTRONIVS | C. F.
QIRINVS VE | RVS VIX XXXXV. » N° 1686.

510. — « El Kef, in coemeterio Judaeorum, in ara : D M S |
L· CLODIVS | C... » N° 1690.

511. — « El Kaf : D· M· S· | CLONVS H PIRA PIVS VIX | IT
ANNIS | ..... |

« Erit : D. m. s. Clo[di]us [Epa]p[h]ra cet. » N° 1691.

512. — « El Kef in coemeterio Judaïco in cippo : L C IOVINV
| S VIXIT A | XVIIII.

« L. C..... Jovinus vixit a(nnis) xviiii. » N° 1693.

513. — El Kef in ara marmoris albi : D· M· S | F· Q· CORDIVS
| IVNIOR | VIXIT ANNIS X | H· S· E | . » N° 1696.

514. — « Kef in ara : D· M· S | C· IVLIVS· C· F· | V· A· L |
H s E. » N° 1715.

515. — « El Kef in ara : D· M· S | C· IVLIVS· LVPER | CVS·
CELERIANVS | VIXIT· ANNIS | XXXV | H· S· E. » N° 1717.

516. — « Kef in ara : D M S | Q IVLIVS | FORTVN | ATVS VIX
| ANNIS XXXX | H S E | D M S | MEERDIA | VIX AN L. » N° 1718.

517. — Kef, opinor in coemeterio Judaïco : SEX· IVLIO·
GIMNASI... | TRIARCHO EIS· VD... | PROFICII MESVI..... | OPV-
LENTIAE ET MELIVIO ORICYLONI..... | ET HERAE.....» N° 1720.

11

518. — « El Kef in ara : D· M· S· | L· IVLIVS· M· F· | QVIR· RVFI | NVS· MARI | ANVS· VIXIT | ANN· XXV | H· S· E. » N° 1723.

519. — « Kef : D M S | C IVOIVS VIC | TOR VIXIT | ANNIS XVI. »
« C. Julius, etc. » N° 1726.

520. — « El Kef, in coemeterio Judaeorum in ara : M· LAELIVS· Q | F· DATVS | PIVS VIXIT | ANN· XXXIX | H· S· E. » N° 1735.

521. — « Kef in ara : D. M. S. | MVCIA | VICTO | RIA L· F· | VIXIT | ANNIS | XVI | H· S· E. » N° 1738.

522. — « El Kef in ara : D· M· S· | L· MVNATIVS· FES | SIANVS PI | VS VIXIT AN | NIS L· XXXXVII | H· S· E. » N° 1739.

523. — « El Kef : D M S | NEMONIA QVINTINA | VIX· ANNIS | LXXXXV | H S E. » N° 1744.

524. — « El Kef in cippo : D M S | PAPIA SA | TVRNINA | M· F· PIA | VIXIT· AN | NIS· LII | H· S· E. » N° 1745.

525. — « El Kef in cippo : D M S PERE | GRINA | VIXIT | ANIS LIII | H S E. » N° 1746.

526. — « El Kef in coemeterio Judaeorum in cippo : D M S | SATVRNIN | A VIXXIT AN | NIS | XXX. » N° 1751.

527. — « Inscription ayant appartenu à quelque mausolée, trouvée hors de l'enceinte du Kef : D· M· S· | T· SVLPICIANVS VIXIT AN· XXXIIII. » N° 1754.

528. — « En el Quéf : D· M· S· | VALERIA· VALERIANA | MELENINA· IANA· VIX | ANN· XXVII· H· S· E. » N° 1758.

529. — « Ancien monument sépulcral bâti dans la maçonnerie qui assujétissait le mât du pavillon des Zawavi dans la citadelle de Keff ; marbre blanc ; l'inscription est presque effacée : D. S. | ...AI....PERE.....AII...ATIVS. | ..IAMIA........ILA. | RANVS | VICI.....I XXI....LIII | H· S· E. » N° 1760.

TABLE DES MATIÈRES

Introduction. . . . .   **v**

PREMIÈRE PARTIE.

Esquisse historique de la ville du Kef et de la province dont elle faisait partie.

Chapitre Iᵉʳ. Des temps héroïques à la bataille de Zama. . .   **1**

— II. Histoire de la Numidie jusqu'à l'avènement des proconsuls. Massinissa et Jugurtha **15**

SECONDE PARTIE.

Epigraphie du Kef.

Période romaine.

Chapitre Iᵉʳ. Inscriptions relatives à des monuments publics.   **23**

— II. Inscriptions milliaires. **37**

— III. Inscriptions tumulaires **40**

— IV. Fragments d'inscriptions tumulaires très incomplets ou de lecture douteuse **132**

— V. Marques de potiers. **136**

— VI. Edifices anciens. **137**

Appendice. **143**

Saint-Maixent. — Impr. Reversé.

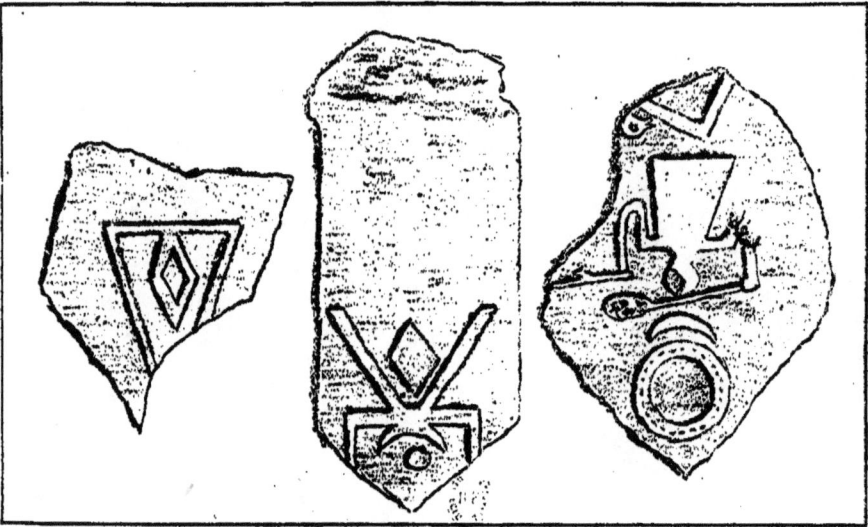

STELES PUNIQUES

Pl. 1.

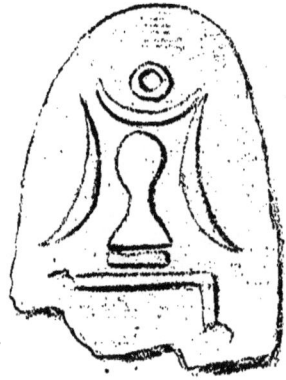

Pl. II.

STELES PUNIQUES

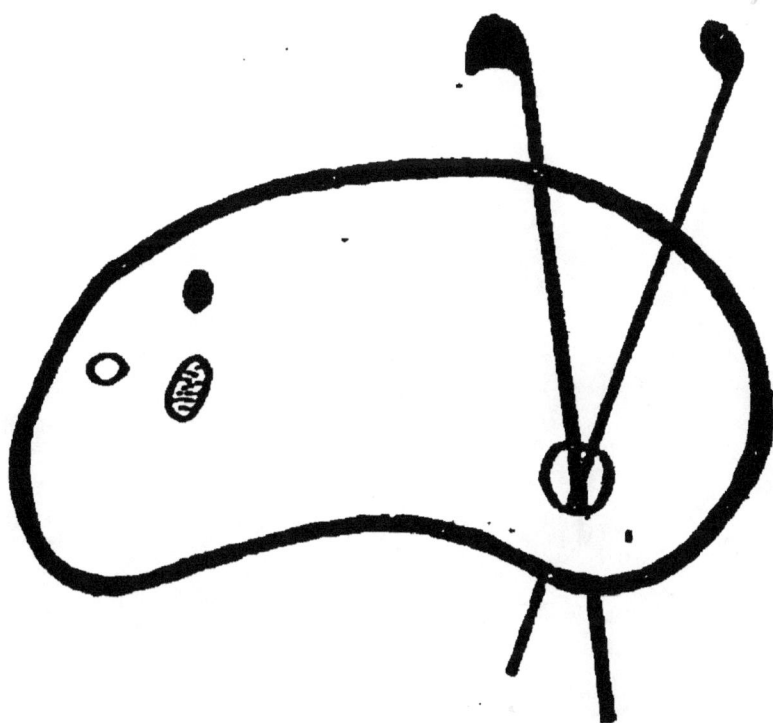

ORIGINAL EN COULEUR
NF Z 43-120-8

www.ingramcontent.com/pod-product-compliance
Lightning Source LLC
Chambersburg PA
CBHW052356090426

42739CB00011B/2391